FEIER ABEND EXPRESS

LIEBLINGSREZEPTE UNTER 30 MINUTEN

Inhalt

DAS KOCHHAUS – ÜBER UNS	4
FEIERABENDKÜCHE	6
SNACKS	8
SUPPEN	38
VEGGIE	80
PASTA	130
FLEISCH	180
DESSERTS	230
DER KOCHHAUS-SERVICE	234
REGISTER	236
IMPRESSUM	240

Das Kochhaus — über uns

Die besten Einfälle finden ihren Ursprung im Alltag: Auch die Kochhaus-Idee entstand bei einem gemeinsamen Essen der Gründer. Sie erfuhren am eigenen Leib, wie es ist, wenn man beruflich stark eingebunden ist und dennoch gerne kochen möchte. Der abendliche Besuch im Supermarkt um 20 Uhr gestaltete sich schwierig: Die Ideen und die passend portionierten Zutaten fehlten. Die Kochhaus-Idee war geboren.

Seit nunmehr sechs Jahren bietet das Kochhaus eine Antwort auf verschiedenste Hürden beim Kochen. Denn als begehbares Rezeptbuch ist das Kochhaus das erste Lebensmittelgeschäft, das sich konsequent dem Thema Selberkochen widmet. Das Erfolgsrezept: Zutaten und Produkte werden im Kochhaus nicht mehr nach Warengruppen, sondern nach Rezepten sortiert. An frei stehenden Tischen voller frischer Zutaten finden die Kunden alles, was sie zu einem bestimmten Gericht brauchen – die Schritt-für-Schritt-Anleitung in Bildern inklusive.

Seitdem leistet das Kochhaus Erste Hilfe in Sachen Kochgenuss in vielen verschiedenen begehbaren Rezeptbüchern in Berlin, Frankfurt, Hamburg, Köln, München und Münster.

KOCHHAUS SCHÖNEBERG
AKAZIENSTRASSE 1, 10823 BERLIN

KOCHHAUS PRENZLAUER BERG
SCHÖNHAUSER ALLEE 46, 10437 BERLIN

KOCHHAUS EIMSBÜTTEL
HEUSSWEG 41, 20255 HAMBURG

KOCHHAUS BOCKENHEIM
LEIPZIGER STRASSE 43
60487 FRANKFURT

KOCHHAUS SCHWABING
HOHENZOLLERNSTRASSE 74
80801 MÜNCHEN

KOCHHAUS MÜNSTER
WINDHORSTSTRASSE 68
48143 MÜNSTER

KOCHHAUS KREUZBERG
BERGMANNSTR. 94 10961 BERLIN

KOCHHAUS GÄRTNERPLATZ
GÄRTNERPLATZ 5 80469 MÜNCHEN

KOCHHAUS SÜLZ
SÜLZBURGSTRASSE 66 50937 KÖLN

KOCHHAUS HAIDHAUSEN
WEISSENBURGER STRASSE 26
81667 MÜNCHEN

KOCHHAUS EPPENDORF
EPPENDORFER LANDSTRASSE 86
20249 HAMBURG

...

Feierabend- küche

Unser derweil siebtes Kochbuch steht ganz unter dem Leitgedanken der Feierabendküche. Vom Selberkochen möchten wir euch ja schon immer überzeugen. Aber in Momenten, in denen es mal schneller gehen muss, bedarf es erfahrungsgemäß besonderer Motivation, sich an den Herd zu stellen. So ein typischer Feierabend, der schneller vergeht als der Lieferservice klingeln kann. Wer kennt ihn nicht?! Stulle kann da keine Lösung sein.

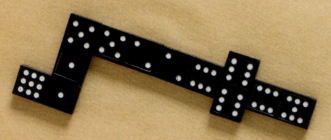

Wir denken aber auch an unzählige trostlose Mahlzeiten, die uns zur Mittagszeit die Büro-Mikrowelle auftischt. Oder all die widerwillig verzehrten Fast-Food-Happen, weil uns zwischen Bildschirmarbeit und Telefontermin einfach kein besserer Sattmacher eingefallen ist. Oft mangelt es aber auch am heimischen Familientisch an originellen Ideen für den schnellen Genuss. Hier greifen wir häufig auf bewährte Speisen zurück und sehnen uns indes nach mehr Abwechslung.

Wir möchten mit diesem Kochbuch geschmackvolle Hilfestellung geben, den vermeintlichen Gegensatz von Zeitmangel und Selberkochen aufzulösen. Unser festes Vorhaben ist es, mehr Kreativität und Geschmacksreichtum in euren Kochalltag zu bringen. Wir finden, die Liebe zum Kochen sollte nicht nachlassen, nur weil die Zeit knapp ist. Kochen und Ernährung sind zwei wichtige Bausteine für ein glückliches Leben. Gönnen wir uns deshalb, so oft es geht, etwas Selbstgekochtes. Das streichelt die Seele und lässt uns schlichtweg besser fühlen.

Dafür stellen wir auf den kommenden Seiten 58 Express-Gerichte vor und präsentieren eine Vielzahl einfacher Mittags- und Abendmahlzeiten, die nicht viel Zeit in Anspruch nehmen, aber dennoch ein genüssliches Kocherlebnis versprechen. Im Handumdrehen entstehen wunderbare Kreationen, denen man die schnelle und unkomplizierte Zubereitung nicht auf den ersten Blick ansieht. Unsere schönen Teller machen Freude und sind so einfach wie genial. Für hochwertigen Genuss in kürzester Zeit.

Wir hoffen, ihr entdeckt viele anregende Gerichte, die idealerweise gleich Einzug in euren Alltag halten. Denn dann haben wir unsere kulinarische Mission erreicht: Express, aber genussvoll!

Snacks

FÜR DEN KLEINEN HUNGER

Zwischendurch passt immer was rein. Da müssen wir nicht erst warten, bis der Magen hörbar knurrt. Kleine Leckerbissen überbrücken riskante Hungerlöcher und heben zuverlässig die Stimmung.
Der Imbiss ist kein Staatsempfang.
Hier kennen wir keine Regeln, wir essen einfach was Spaß macht und toben wie ein hungriger Hurrikan durch die Vielfalt der Imbiss-Landschaft. Kleine Stärkung gefällig?

CAESAR SALAD MIT BACON

dazu Knoblauch-Croûtons und Sumach-Sauerrahm

Schmackhaftes Salätchen: Unserem Caesar Salad mit knusprigem Bacon, krossen Knoblauch-Croûtons und erfrischendem Sumach-Sauerrahm kann selbst der größte Salatgegner nicht widerstehen!

⏱ Zubereitungszeit: 20 Minuten

Salat satt

FÜR 2 PERSONEN

4 SCHEIBEN BACON
2 MINI-RÖMERSALATE
1 KNOBLAUCHZEHE
200 G SAUERRAHM
25 G PARMESAN
1 KLEINES BAGUETTE
5 G SUMACH
3 EL OLIVENÖL
SALZ, PFEFFER & ZUCKER

1
Ofen auf 180 °C Umluft bzw. 200 °C Ober-/Unterhitze vorheizen. Baguette halbieren und in ca. 3 cm große Würfel schneiden. Knoblauch schälen, fein hacken. Hälfte des Parmesans hobeln, andere Hälfte reiben. Bacon quer halbieren.

2
Die Baguettewürfel mit dem Öl und dem Knoblauch vermengen. Mit ½ TL Salz sowie nach Geschmack mit Pfeffer würzen. Sauerrahm mit Sumach, geriebenem Parmesan, ½ TL Salz sowie ¼ TL Zucker zu einem Dressing vermengen.

5
Den Römersalat vom Strunk befreien und in mundgerechte Stücke schneiden. Anschließend in einer Schüssel mit dem Sumachdressing gut vermengen.

6
Den Römersalat auf flache Teller geben, Knoblauch-Croûtons sowie Bacon darauf anrichten und mit gehobeltem Parmesan dekorieren.

3
Die Baguettewürfel auf ein mit Backpapier belegtes Blech geben und im vorgeheizten Ofen auf der mittleren Schiene ca. 10 Minuten goldbraun backen.

4
Währenddessen den Bacon in einer Pfanne ohne Öl bei mittlerer Temperatur ca. 3 Minuten rundum knusprig anbraten. Anschließend auf Küchenpapier abtropfen lassen.

DAS IN DER TÜRKEI BELIEBTE GEWÜRZ SUMACH VERZAUBERT MIT SÄUERLICH-HERBEM GESCHMACK UND FRUCHTIGER NOTE.

Wir präsentieren unseren neuen Star am Gewürzhimmel! Sumach hat einen besonders fruchtigen Geschmack und weist eine angenehme Säure auf. Das Gewürz eignet sich damit optimal zum Verfeinern einer Vielzahl von Gerichten. Auch unser Sauerrahm ist davon ganz angetan und lädt Sumach spontan zur heutigen Salatparty ein. Diese kann jetzt mit einer eindrucksvollen Gästeliste punkten: Neben dem erfrischenden Dip sind auch knusprige Baconstreifen und Knoblauch-Croûtons vertreten – langweilig wird dem Römersalat so garantiert nicht!

FÜR 2 PERSONEN

1 HÄHNCHENBRUSTFILET
2 KLEINE BAGUETTES
2 MÖHREN
1 MINI-GURKE
1 FRÜHLINGSZWIEBEL
1 BUND KORIANDER
2 EL HOISINSAUCE
1 EL SRIRACHA-CHILI-SAUCE
4 EL WEISSWEINESSIG
1 EL PFLANZENÖL
SALZ, PFEFFER & ZUCKER

VIETNAMESISCHES BÁNH-MÌ-SANDWICH

mit Hähnchenbrust und Sriracha-Sauce

Stulle mal anders: Zarte Hähnchenbrust, knackiges Gemüse und frischer Koriander treffen sich auf knusprigem Baguette. Scharfe Sriracha-Sauce bringt Würze und Temperament ins Spiel.

🕐 Zubereitungszeit: 30 Minuten

AUFS BROT GEPACKT

1
Die Möhren schälen, längs sowie quer halbieren und in feine Stifte schneiden. Die Mini-Gurke von den Enden befreien und in dünne Scheiben schneiden oder hobeln.

2
Die Frühlingszwiebel von Wurzel sowie oberstem Grün befreien. Das Weiß in feine Ringe, das Grün schräg in ca. 0,5 cm breite Streifen schneiden. Weißweinessig, ½ TL Zucker sowie ¼ TL Salz zu einer Marinade vermengen.

3
In einer Schüssel Frühlingszwiebelweiß, Möhren sowie Gurke mit der Marinade vermengen. Die Korianderblätter von den Stielen zupfen.

7
Anschließend das Hähnchenbrustfilet mit der in der Pfanne verbliebenen Hoisinsauce auf einen Teller geben. Das Hähnchenbrustfilet mit zwei Gabeln in grobe Stücke zupfen und mit der Hoisinsauce vermengen.

8
Die Baguettes aufklappen und mit Möhren, Gurke sowie Hähnchenbrust belegen. Die Sriracha-Sauce auf den Sandwiches verteilen.

9
Die Bánh-mì-Sandwiches mit Korianderblättern sowie Frühlingszwiebelgrün dekorieren. Anschließend fest zuklappen und auf einem Brett servieren.

4
Die Baguettes längs einschneiden, aber nicht komplett durchschneiden. Das Hähnchenbrustfilet unter fließendem kaltem Wasser abspülen, trocken tupfen und mit ½ TL Salz sowie nach Geschmack mit Pfeffer würzen.

5
In einer Pfanne das Öl erhitzen und das Hähnchenbrustfilet darin bei hoher Temperatur von beiden Seiten je 2 Minuten scharf anbraten.

6
Die Hoisinsauce sowie 4 EL Wasser zugeben und alles 4 Minuten bei mittlerer Temperatur köcheln lassen.

DER BEGRIFF »BÁNH MÌ« KOMMT AUS DEM VIETNAMESISCHEN UND BEZEICHNET GENERELL BROTE ALLER ART.

Seine Ursprünge hat das Bánh mì in der Kolonialzeit, als die Franzosen ihr Baguette nach Vietnam brachten. Die Bevölkerung füllte dieses mit typischen vietnamesischen Zutaten und so erlangte das Brot große Beliebtheit. Als Streetfood-Snack kann man das asiatische Baguette mittlerweile auch in einigen deutschen Städten genießen – oder natürlich selbst zubereiten! Mit unserem Rezept, zarter Hähnchenbrust, frischem Gemüse und scharfer Sriracha-Sauce gelingt das vietnamesische Pausenbrot garantiert!

FRISCHE SOMMERROLLEN
mit Erdbeeren, Glasnudeln und Soja-Limetten-Dip

Ein starkes Röllchen: Frisch und knackig verstecken sich köstliche Erdbeeren, Möhren und Gurken zwischen sanften Glasnudeln und Sprossen in diesem Genusspäckchen.

🕐 Zubereitungszeit: 30 Minuten

Heißer Sommer kühle Rolle

FÜR 2 PERSONEN

100 G ERDBEEREN
1 MÖHRE
1 MINI-GURKE
50 G SOJASPROSSEN
1 BIO-LIMETTE
1 BUND KORIANDER
6 REISPAPIERBLÄTTER
100 G GLASNUDELN
1 EL SOJASAUCE
2 EL PFLANZENÖL
SALZ, PFEFFER & ZUCKER

1
Wasser aufkochen. Möhre schälen, quer und längs halbieren, in Streifen schneiden. Limette heiß abwaschen, Schale abreiben, Saft auspressen. Gurke von Enden befreien, quer halbieren, in feine Stifte schneiden. Erdbeeren ca. 0,5 cm klein würfeln.

2
Die Glasnudeln mit 1 EL Salz in das kochende Wasser geben, den Topf vom Herd nehmen und die Nudeln 2 Minuten ziehen lassen. Die Erdbeeren mit 1 TL Limettensaft sowie 1 TL Zucker vermengen und marinieren.

3
Die Glasnudeln abgießen, mit kaltem Wasser abspülen, zurück in den Topf geben, mit kaltem Wasser auffüllen und 1 TL Salz zugeben. Bis zur weiteren Verwendung beiseitestellen.

7
Auf die Füllung ½ TL Limetten-Dip geben. Das Reispapier links und rechts über die Füllung klappen. Anschließend die untere Seite ebenfalls auf die Füllung legen.

8
Alles fest zusammenrollen. Auf diese Weise mit dem Reispapier und der Füllung verfahren, sodass 6 Sommerrollen entstehen. Die Glasnudeln werden dabei gegebenenfalls nicht vollständig aufgebraucht.

9
Die Sommerrollen mit der »Naht« nach unten auf einer Platte anrichten und Soja-Limetten-Dip dazu servieren.

4
In einer Pfanne 1 EL Öl erhitzen und die Möhre darin bei mittlerer Temperatur 3 Minuten anbraten. Mit ¼ TL Salz, ¼ TL Zucker sowie nach Geschmack mit Pfeffer würzen. Anschließend aus der Pfanne nehmen.

5
In einer Schale die Sojasauce mit 2 EL Limettensaft, 1 TL Limettenschale, 1 EL Öl sowie 4 TL Zucker vermengen.

6
Ein Reispapierblatt 10 Sekunden mit kaltem Wasser befeuchten und auf eine feuchte Arbeitsplatte legen. Ein Sechstel des Korianders, der Erdbeeren, Möhre, Gurke und Sojasprossen sowie eine Portion Glasnudeln mittig auflegen.

MIT DER FRISCHEN SCHWESTER DER FRÜHLINGSROLLE BEWAHREN WIR IN DER WARMEN JAHRESZEIT EINEN KÜHLEN KOPF.

Die Sommerrolle ist die nicht-frittierte Variante der allseits beliebten Frühlingsrolle. Wenn die Tage wärmer werden, begeistert uns die vietnamesische Rolle aus Reispapier mit asiatischen Kräutern und knackigem Gemüse. Bei uns bettet sich zwischen die Glasnudeln in diesem sommerlichen Paket ganz genüsslich noch eine weitere besondere Zutat: die samtig-süße Erdbeere! Abgerundet wird das asiatische Geschmackserlebnis mit unserem köstlichen Soja-Limetten-Dip. So erfrischend kommt der Sommer selten daher!

KNUSPRIGER FLAMMKUCHEN

mit Kräuterseitlingen und Cocktailtomaten

Knuspriges Frühlingsglück: Krosser Flammkuchenteig, aromatische Kräuterseitlinge, feinwürzige Frühlingszwiebeln und erfrischende Cocktailtomaten – so schmeckt der Frühling!

🕐 Zubereitungszeit: 25 Minuten

Einfach zum Verknuspern

FÜR 2 PERSONEN

1 FLAMMKUCHENTEIG (AUS DEM KÜHLREGAL)
2 KRÄUTERSEITLINGE
5 COCKTAILTOMATEN
1 FRÜHLINGSZWIEBEL
1 BUND BASILIKUM
200 G SAUERRAHM
4 EL OLIVENÖL
SALZ & PFEFFER

1

Ofen auf 220 °C Umluft bzw. 240 °C Ober-/Unterhitze vorheizen. Pilze putzen, längs in ca. 0,3 cm dicke Scheiben schneiden. Tomaten halbieren. Frühlingszwiebel von Wurzeln und oberstem Grün befreien, Weiß und Grün getrennt fein schneiden.

2

Sauerrahm sowie Frühlingszwiebelweiß vermengen und mit ½ TL Salz sowie nach Geschmack mit Pfeffer würzen. Kräuterseitlinge und Tomaten mit 2 EL Öl, ½ TL Salz sowie nach Geschmack mit Pfeffer würzen.

5

Währenddessen Basilikumspitzen für die Dekoration beiseitelegen, die übrigen Basilikumblätter von den Stielen zupfen und sehr fein hacken. Anschließend in einer Schale mit 2 EL Öl vermengen.

6

Den goldbraun gebackenen Flammkuchen halbieren, auf ein Brett legen und mit Frühlingszwiebelgrün, Basilikumspitzen sowie Basilikumöl dekorieren.

3
Den Flammkuchenteig mit dem Backpapier auf einem Blech ausrollen und den Frühlingszwiebel-Sauerrahm gleichmäßig auf dem Teig verstreichen.

4
Kräuterseitlinge und Tomaten auf dem Flammkuchen verteilen. Im vorgeheizten Ofen auf der mittleren Schiene ca. 18 Minuten goldbraun backen.

KRÄUTERSEITLINGE SIND ENG MIT DEM AUSTERNPILZ VERWANDT UND ERINNERN GESCHMACKLICH AN STEINPILZE.

Feinschmecker dürfen sich freuen, dass der Kräuterseitling im Gegensatz zum Steinpilz das ganze Jahr über erhältlich ist. Neben seinem kräftigen, herzhaften Geschmack verwöhnt er uns außerdem mit einer ordentlichen Portion Proteine. Das gefällt auch unserer Frühlingszwiebel und den Cocktailtomaten: Bereitwillig machen sie dem Pilz Platz auf ihrer Liegewiese. Dieser nimmt die Einladung dankend an und legt sich neben die beiden auf den Flammkuchenteig, um sein Sonnenbad im Ofen zu genießen.

FÜR 2 PERSONEN

120 G PASTRAMI (AUS DEM KÜHLREGAL)
2 KLEINE BAGUETTES
1 ZWIEBEL
1 MINI-GURKE
60 G CHEDDAR
40 G FRISCHKÄSE
2 EL SENF
50 ML ROTWEIN
3 EL WEISSWEINESSIG
2 EL OLIVENÖL
SALZ & ZUCKER

PASTRAMI-SANDWICH

mit Rotwein-Zwiebeln, Gurken und Cheddar

Der legendäre Snack aus den USA: Zart-würziges Rindfleisch, süßlich-saftige Rotwein-Zwiebeln und kräftiger Cheddar betten sich in krosse Baguettes.

🕐 Zubereitungszeit: 20 Minuten

LEGENDÄR!

1

Ofen auf 180 °C Umluft bzw. 200 °C Ober-/Unterhitze vorheizen. Pastrami aus der Verpackung nehmen. Zwiebel schälen, halbieren, in Streifen schneiden. Mini-Gurke von Enden befreien, in feine Scheiben schneiden. Cheddar reiben.

2

In einer Pfanne das Öl mit 1 EL Zucker sowie ½ TL Salz erhitzen und die Zwiebel darin bei mittlerer Temperatur ca. 10 Minuten leicht knusprig braten. Gelegentlich umrühren.

5

Die unteren Baguettehälften mit der Senf-Frischkäse-Mischung bestreichen und mit Pastrami belegen. Gurkenscheiben sowie Rotwein-Zwiebeln auf die mit Cheddar überbackenen Hälften geben. Die Sandwichhälften zusammenfügen.

6

Die Pastrami-Sandwiches mittig halbieren und auf Tellern servieren.

3
Währenddessen in einer Schale die Gurkenscheiben mit dem Weißweinessig, 1½ EL Zucker sowie ½ TL Salz vermengen. Bis zur Verwendung marinieren. In einer weiteren Schale Senf und Frischkäse vermengen.

4
Baguettes längs halbieren, obere Hälften mit Cheddar, untere Hälften ohne auf einem mit Backpapier belegten Blech auf der oberen Schiene 4 Minuten backen, bis der Käse schmilzt. Zwiebel mit Wein ablöschen, 5 Minuten köcheln.

AMERIKANER WISSEN PASTRAMI SCHON LANGE ZU SCHÄTZEN – NUN KOMMT DAS WÜRZIGE FLEISCH ENDLICH AUCH ZU UNS!

Hinter dem Namen »Pastrami« verbirgt sich keine italienische Wurst, sondern eine in den USA heiß geliebte Delikatesse: herrlich zartes Rindfleisch, das gepökelt, über Holzspänen geräuchert und anschließend gekocht wird, um dann hauchdünn geschnitten zwischen Brotscheiben zu wandern. In Rotwein karamellisierte Zwiebel, knackige Gurke und zart schmelzender Cheddar auf knusprigem Baguette machen das Sandwich perfekt und lösen in unserem Gaumen eine wahre Geschmacksexplosion aus!

MOZZARELLA-SPINAT-SALAT

mit Rosmarin-Croûtons und Passionsfrucht-Vinaigrette

Von wegen langweilig: Mit einem frischen Salat aus knackigen Radieschen, aromatischen Rosmarin-Croûtons und einer fruchtigen Vinaigrette findet der Frühling den Weg in Ihre Küche.

🕐 Zubereitungszeit: 15 Minuten

Rohköstlich!

FÜR 2 PERSONEN

8 COCKTAILTOMATEN
50 G BABYSPINAT
4 RADIESCHEN
1 PASSIONSFRUCHT
1 BUND ROSMARIN
125 G MOZZARELLA
1 KLEINES BAGUETTE
2 EL WEISSWEINESSIG
7 EL OLIVENÖL
SALZ, PFEFFER & ZUCKER

1

Ofen auf 180 °C Umluft bzw. 200 °C Ober-/Unterhitze vorheizen. Baguette längs halbieren, in ca. 3 cm große Würfel schneiden. Rosmarinnadeln abzupfen, fein hacken, mit 3 EL Öl mischen. Mit ½ TL Salz und mit Pfeffer würzen.

2

Die Brotwürfel mit dem Rosmarin-Öl vermengen, auf ein mit Backpapier belegtes Blech geben und im vorgeheizten Ofen auf der mittleren Schiene 10 Minuten goldbraun backen.

5

Babyspinat, Radieschen sowie Tomaten mit der Passionsfrucht-Vinaigrette in einer Schüssel vermengen. Die Rosmarin-Croûtons aus dem Ofen nehmen.

6

Den Spinatsalat auf Tellern mit Rosmarin-Croûtons und Mozzarellawürfeln anrichten.

3
Tomaten und Radieschen vom Grün befreien. Tomaten halbieren und die Radieschen in feine Scheiben schneiden. Mozzarella in ca. 2 cm große Würfel schneiden, mit 1 EL Öl, ¼ TL Salz sowie nach Geschmack mit Pfeffer vermengen.

4
Die Passionsfrucht halbieren, das Fruchtfleisch mit einem Löffel herauslösen und in einer Schale mit 3 EL Öl sowie dem Weißweinessig vermengen. Mit ½ TL Salz, 1 ½ TL Zucker sowie nach Geschmack mit Pfeffer würzen.

KNALLIG ROTE RADIESCHEN, WÜRZIGER ROSMARIN UND SÜSSE PASSIONSFRUCHT MACHEN UNS EINFACH FRÖHLICH.

Dieser Salat erinnert uns daran, wie sehr wir die warme Jahreszeit vermisst haben. Radieschen haben wieder Hochsaison, unsere Kräuter sprießen in die Höhe und die Sonne macht Lust auf Urlaub! Radieschen gehören übrigens zum ersten Gartengemüse, das jedes Jahr ab April frisch geerntet werden kann! Was gibt es da Schöneres, als mit einem leichten Salat mit Mozzarella die schönste Zeit im Jahr zu begrüßen? Die Kombination aus italienischem Käse und unserem kreativen Dressing erinnert uns an laue Sommerabende auf dem Balkon.

KNUSPRIGER ZIEGENKÄSE-FLAMMKUCHEN

mit Serranoschinken und karamellisierten Zwiebeln

Herzhafter Genuss: Süß karamellisierte Zwiebel umgibt den würzigen Ziegenkäse, begleitet von gereiftem Serranoschinken und abgerundet vom Aroma des Thymians.

🕐 Zubereitungszeit: 20 Minuten

French Feeling

FÜR 2 PERSONEN

1 FLAMMKUCHENTEIG
  (AUS DEM KÜHLREGAL)
1 ROTE ZWIEBEL
1 BUND THYMIAN
1 ZIEGENKÄSEROLLE
200 G SAUERRAHM
4 SCHEIBEN SERRANO-
  SCHINKEN
1 EL HONIG
2 EL OLIVENÖL
SALZ, PFEFFER & ZUCKER

1
Ofen auf 220 °C Umluft bzw. 240 °C Ober-/Unterhitze vorheizen. Zwiebel schälen, halbieren, in Streifen schneiden. Ziegenkäse in 12 Scheiben schneiden. Einige Thymianstiele beiseitelegen, Blätter von den übrigen Stielen zupfen.

2
Sauerrahm mit Thymianblättern mischen, mit ½ TL Salz und Pfeffer würzen. In einer Pfanne das Öl mit 1 EL Zucker sowie ½ TL Salz erhitzen, Zwiebel bei mittlerer Temperatur ca. 15 Minuten unter Rühren leicht knusprig braten.

5
Den goldbraun gebackenen Flammkuchen aus dem Ofen nehmen, halbieren und mit Honig beträufeln. Anschließend karamellisierte Zwiebel sowie Serranoschinken darauf verteilen.

6
Den Flammkuchen auf einem Holzbrett oder einem großen, flachen Teller anrichten und mit den Thymianstielen dekorieren.

3
Währenddessen den Flammkuchenteig mit dem Backpapier auf einem Blech ausrollen und den Thymian-Sauerrahm gleichmäßig auf dem Teig verstreichen.

4
Die Ziegenkäsescheiben auf dem Flammkuchen verteilen und im vorgeheizten Ofen auf der mittleren Schiene ca. 12 Minuten goldbraun backen. Währenddessen den Serranoschinken schräg in 2 cm breite Streifen schneiden.

EIN HAUCH FRANZÖSISCHES LEBENSGEFÜHL ERFÜLLT DIE KÜCHE UND NIMMT UNS MIT AUF EINE KULINARISCHE REISE.

Der Flammkuchen ist eine Spezialität der vielseitigen französischen Küche. Seinen feinen knusprigen Boden, belegt mit erlesenen Zutaten, haben wir den Öfen des Elsass zu verdanken. Sein köstlicher Duft zog schnell zu uns herüber und mittlerweile genießen auch wir den herzhaften Klassiker. In diesem Rezept wird die fein-süß karamellisierte Zwiebel von kräftigem Ziegenkäse und würzigem Serranoschinken umgeben und mit einem Hauch Thymian garniert. Beim ersten Biss ist man bereits in Frankreich angekommen!

Suppen

WÄRMEND UND SAMTIG

Suppe ist nicht gleich Suppe. Wir löffeln sie mal fein püriert, mal als klare Brühe. Je nach Jahreszeit und Gemütslage steht uns der Sinn nach einer tränentreibenden feurigasiatischen Variante, aber auch kalt kann die Suppe ein wahrer Genuss sein. In jeder Ausführung ist die Suppe die Mutter aller One-Pot-Wonder: Ein Topf, alles drin. Ideal für die schnelle Küche und alle, die ihrem Geschirrspüler mal einen Kurzurlaub gönnen wollen.

FÜR 2 PERSONEN

1 STRAUCHTOMATE
1 SCHALOTTE
1 KNOBLAUCHZEHE
1 BUND OREGANO
150 G JOGHURT
1 DOSE KICHERERBSEN
(400 G, VORGEGART)
1 DOSE PASSIERTE
TOMATEN (235 G)
5 G RAUCHPAPRIKA
1 GETROCKNETE CHILI-
SCHOTE
3 EL OLIVENÖL
SALZ, PFEFFER
& ZUCKER

ORIENTALISCHE TOMATEN-KICHERERBSEN-SUPPE

mit Joghurt und Oregano

La Bella Italia trifft aufs Morgenland: Tomaten und Kichererbsen vereinen sich zu einer köstlichen Suppe, die von innen wärmt. Aromatischer Oregano rundet das Rezept ab.

Zubereitungszeit: 25 Minuten

Da lacht die Erbse!

1

Ofen auf 200 °C Umluft bzw. 220 °C Ober-/Unterhitze vorheizen, Kichererbsen abgießen. Die Hälfte der Kichererbsen mit drei Viertel der Rauchpaprikas und 2 EL Öl vermengen. Mit ½ TL Zucker, ¼ TL Salz sowie nach Geschmack mit Pfeffer würzen.

2

Die Paprika-Kichererbsen auf einem mit Backpapier belegten Blech verteilen und im vorgeheizten Ofen auf der oberen Schiene ca. 20 Minuten knusprig backen.

3

Die Strauchtomate vom Stielansatz befreien und in ca. 1 cm große Würfel schneiden. Schalotte sowie Knoblauch schälen und fein hacken.

7

Mit 500 ml Wasser sowie den passierten Tomaten ablöschen. Den gehackten Oregano sowie das übrige Paprikapulver zugeben, alles aufkochen lassen und anschließend bei mittlerer Temperatur 10 Minuten offen köcheln lassen.

8

Den Topf vom Herd nehmen und die Suppe mit einem Stabmixer fein pürieren. Zwei Drittel des Joghurts zugeben und alles gut vermengen. Die Kichererbsen aus dem Ofen nehmen.

9

Die Tomaten-Kichererbsen-Suppe in tiefen Tellern anrichten und mit dem übrigen Joghurt, den gebackenen Kichererbsen sowie den Oreganospitzen dekorieren.

4
Oreganospitzen für die Dekoration beiseitelegen, die übrigen Blätter von den Stielen zupfen und fein hacken. In einer Schale den Joghurt mit ¼ TL Salz vermengen.

5
In einem Topf 1 EL Öl erhitzen und Schalotte, Knoblauch sowie die zerbröselte Chilischote darin bei mittlerer Temperatur 1 Minute anbraten.

6
Die Tomatenwürfel sowie die übrigen Kichererbsen zugeben und 2 Minuten mitbraten. Mit 1 TL Salz, ½ TL Zucker sowie nach Geschmack mit Pfeffer würzen.

KICHERERBSEN SORGEN FÜR EINE ORIENTALISCHE NOTE UND GEBEN DEM GERICHT EINEN EINZIGARTIGEN GESCHMACK.

Die Hülsenfrucht wurde vor über 8000 Jahren in Vorderasien entdeckt und ist vor allem im Orient sehr verbreitet. Auch wenn ihr Name eigentlich nicht auf das Lachen zurückzuführen ist, so gibt sie uns doch allen Grund zur Freude: Vegetariern und Veganern dürfte beispielsweise gefallen, dass sie mehr Eiweiß als manche Fleischsorte enthält und wichtige Mineralstoffe liefert. Zusätzlich macht sie schnell und lange satt. So wirkt sie Heißhunger entgegen. Unserer Tomatensuppe verleiht sie Gehalt und einen besonderen Pfiff.

MANGO-LINSEN-SUPPE

mit Limetten-Joghurt und knusprigen Papadam-Chips

Bollywood in der Suppenschüssel: Mango und Linsen verbinden sich zu einer zauberhaft-exotischen Suppe, frischer Limetten-Joghurt und Papadam-Chips geben ihr den letzten Feinschliff.

🕐 Zubereitungszeit: 30 Minuten

Göttliches Gelb

FÜR 2 PERSONEN

150 G ROTE LINSEN
1 ROTE ZWIEBEL
1 BIO-LIMETTE
25 G FRISCHE INGWER-
   WURZEL
1 KNOBLAUCHZEHE
150 G JOGHURT
1 DOSE KOKOSMILCH
   (400 ML)
30 G GETROCKNETE MANGO
4 PAPADAMS
4 G KURKUMA
1 GETROCKNETE CHILI-
   SCHOTE
100 ML PFLANZENÖL
SALZ & PFEFFER

1
Die Mango in 150 ml warmem Wasser einweichen. Zwiebel sowie Knoblauch schälen und fein würfeln. Den Ingwer schälen und fein reiben.

2
Die Limette heiß abwaschen, die Schale abreiben und den Saft auspressen. Die Papadams in Viertel brechen. Die Mango aus dem Wasser nehmen und grob hacken.

3
In einem Topf 2 EL Öl erhitzen und die Zwiebel darin bei mittlerer Temperatur 1 Minute anbraten.

7
In einer Schale den Joghurt mit 1 EL Limettensaft sowie 1 TL Limettenschale vermengen. Mit ¼ TL Salz sowie nach Geschmack mit Pfeffer würzen.

8
Die Suppe vom Herd nehmen und mit 1 TL Salz sowie nach Geschmack mit Pfeffer würzen. Ein Drittel des Joghurts zugeben und die Suppe mit einem Stabmixer grob pürieren.

9
Die Mango-Linsen-Suppe in tiefen Tellern anrichten und mit der übrigen Mango dekorieren. Die Papadam-Chips sowie den übrigen Limetten-Joghurt dazu

4
Ingwer, Knoblauch, zwei Drittel der Mango sowie die zerbröselte Chilischote zugeben und 1 Minute mitbraten.

5
Anschließend Linsen, Kokosmilch, Kurkuma, 1 EL Limettensaft sowie 350 ml warmes Wasser zugeben, alles aufkochen und bei mittlerer Temperatur 13 Minuten köcheln lassen. Mit ½ TL Salz sowie nach Geschmack mit Pfeffer würzen.

6
Währenddessen in einer Pfanne 80 ml Öl stark erhitzen und die Papadam-Viertel darin bei hoher Temperatur nacheinander ca. 5 Sekunden knusprig frittieren. Anschließend auf Küchenpapier abtropfen lassen.

DIE MANGO – INDIENS NATIONALFRUCHT – WIRD AUCH ALS »KÖNIGIN DER FRÜCHTE« ODER »GÖTTLICHE FRUCHT« BEZEICHNET.

Die süße exotische Frucht überzeugt durch mehr als nur ihren Geschmack. Sie ist ebenso für ihre positive Wirkung auf den menschlichen Körper bekannt. Beispielsweise beinhaltet sie Vitamine, die sehr wichtig für das Immunsystem und die Sehkraft sind und sie ist dabei kalorienarm. Ihre Inhaltsstoffe sollen zudem gegen Krebs wirken und Herzerkrankungen vorbeugen. Eine echte Superfrucht! Unserer Linsensuppe, die mit Kokosmilch, Limetten-Joghurt und knusprigen Papadam-Chips daherkommt, setzt sie deshalb eine ganz besondere Krone auf.

VIETNAMESISCHE PHO GA

mit Hähnchenbrust, Reisbandnudeln und Koriander

In der Suppe liegt die Kraft: Die vietnamesische Pho Ga kommt mit einem zarten Hähnchenbrustfilet, leckeren Reisbandnudeln und frischen Kräutern daher. Feine Gewürze vollenden den exotischen Genuss.

Zubereitungszeit: 30 Minuten

Vietnam so nah

FÜR 2 PERSONEN

- 1 HÄHNCHENBRUSTFILET
- 1 STANGE ZITRONENGRAS
- 1 FRÜHLINGSZWIEBEL
- 1 PEPERONI
- 1 SCHALOTTE
- 25 G FRISCHE INGWER-WURZEL
- 1 BUND KORIANDER
- 100 G REISBANDNUDELN
- 2 EL FISCHSAUCE
- 2 KARDAMOMKAPSELN
- 1 ZIMTSTANGE
- 1 STERNANIS
- 2 EL PFLANZENÖL
- SALZ & PFEFFER

1
Die Schalotte schälen und fein hacken. Die Peperoni halbieren, von Stielansatz sowie Samen befreien und schräg in feine Streifen schneiden. Die Kardamomkapseln öffnen und die Samen fein hacken.

2
Zitronengras von Enden sowie äußerer Schicht befreien, dritteln und flach drücken. Den Ingwer schälen und fein reiben. Das Hähnchenbrustfilet abspülen, trocken tupfen und mit ½ TL Salz sowie nach Geschmack mit Pfeffer würzen.

3
In einem großen Topf das Öl erhitzen und Schalotte, Sternanis, Kardamom sowie Peperoni darin bei mittlerer Temperatur 1 Minute anbraten.

7
Zitronengras, Sternanis, Zimtstange sowie Hähnchenbrustfilet aus der Suppe nehmen und das Fleisch schräg in ca. 0,3 cm dicke Scheiben schneiden.

8
Die Frühlingszwiebel in die Suppe geben und den Topf vom Herd nehmen.

9
Die vietnamesische Pho Ga mit den Reisbandnudeln auf Schalen verteilen, das Hähnchenbrustfilet darin anrichten und mit Koriander dekorieren.

4
Anschließend 1 l warmes Wasser, Fischsauce, Zitronengras, Zimtstange sowie Ingwer zugeben und alles aufkochen. Mit 1½ TL Salz würzen. Hähnchenbrustfilet zugeben und bei mittlerer Temperatur 11 Minuten bedeckt köcheln lassen.

5
Währenddessen den Koriander mit Stielen grob hacken. Die Frühlingszwiebel von Wurzeln sowie oberstem Grün befreien und in 0,2 cm breite Ringe schneiden.

6
Gegen Ende der Garzeit die Reisbandnudeln zur Suppe geben und alles weitere 3 Minuten bedeckt köcheln lassen.

PHO UND VIETNAM, DAS GEHÖRT ZUSAMMEN. DIE SUPPE ERFREUT SICH AUCH BEI UNS IMMER GRÖSSERER BELIEBTHEIT.

Neben einer atemberaubenden Landschaft und einer faszinierenden Kultur ist Vietnam mit einer der besten Küchen der Welt gesegnet. Wer frühmorgens durch die Straßen von Hanoi läuft, sieht überall Menschen auf Stühlen sitzen und Pho löffeln, die traditionelle vietnamesische Frühstückssuppe. Ihre wichtigsten Bestandteile sind eine kräftige klare Brühe, Reisnudeln und dünne Scheiben Hähnchenfleisch. Verfeinert wird sie bei unserem Rezept durch die leichte Schärfe der Peperoni und winterliche Gewürze wie Zimt und Sternanis.

FÜR 2 PERSONEN

1 SÜSSKARTOFFEL
1 BIO-ZITRONE
1 ZWIEBEL
25 G FRISCHE INGWER-
   WURZEL
1 KNOBLAUCHZEHE
1 BUND KORIANDER
200 G SAUERRAHM
1 BRÜHWÜRFEL
3 G MADRAS-CURRY-
   PULVER
2 EL OLIVENÖL
SALZ & PFEFFER

SÜSSKARTOFFELSUPPE

mit Ingwer und Koriander-Rahm

Leuchtend gelb: Unser feines Süppchen wärmt von innen. Es glänzt mit einer Kombination aus leckerer Süßkartoffel, frischem Ingwer und einem würzigen Koriander-Rahm.

Zubereitungszeit: 30 Minuten

ALLESKÖNNER INGWER

1

Die Süßkartoffel schälen und in ca. 2 cm große Würfel schneiden. Zwiebel sowie Knoblauch schälen und fein würfeln. Den Ingwer schälen und fein hacken. Die Zitrone heiß abwaschen, die Schale abreiben und den Saft auspressen.

2

In einem Topf das Öl erhitzen. Die Süßkartoffelwürfel und die Zwiebel darin bei mittlerer Temperatur 3 Minuten anbraten. Anschließend Knoblauch sowie Ingwer zugeben und ca. ½ Minute mitbraten.

5

Die Suppe gegen Ende der Garzeit vom Herd nehmen und mit einem Stabmixer fein pürieren. Mit ½ TL Salz sowie nach Geschmack mit Pfeffer würzen.

6

Die Ingwer-Süßkartoffel-Suppe in tiefen Tellern anrichten und mit Koriander-Rahm sowie Korianderspitzen dekorieren.

3
Mit 500 ml Wasser ablöschen, Brühwürfel, Madras-Currypulver, 1 EL Zitronensaft sowie die Hälfte des Sauerrahms zugeben und alles aufkochen. Anschließend bei niedriger Temperatur 10 Minuten bedeckt köcheln lassen.

4
Korianderspitzen beiseitelegen, die übrigen Blätter mit den Stielen fein hacken. Den gehackten Koriander mit dem übrigen Sauerrahm sowie 1 TL Zitronenschale vermengen. Mit ¼ TL Salz sowie nach Geschmack mit Pfeffer würzen.

INGWER LIEGT IM TREND. DIE SCHARFE WURZEL AUS ASIEN VERLEIHT UNSERER SUPPE EINE ANGENEHME WÜRZE.

Von außen eher unscheinbar, überzeugt uns die kleine Knolle mit ihrem einzigartigen Geschmack. Die aus den Tropen stammende Gewürzpflanze ist besonders in Asien sehr beliebt. Sie wird zum einen wegen ihrer frischen Schärfe, zum anderen aber auch wegen ihrer Heilwirkung sehr geschätzt. Ingwer gilt als entzündungshemmend, reinigend und soll auch bei Übelkeit und Magenschmerzen Abhilfe schaffen. Er verleiht unserer Suppe eine interessante Würze, die durch unseren köstlichen Koriander-Rahm verfeinert wird.

TOM KHA GUNG

Thai-Kokos-Suppe mit Garnelen, Limette und Koriander

Asiatische Aromen: Unsere Tom Kha Gung entführt uns ins ferne Thailand und begeistert mit exotischen Zutaten wie sanfter Kokosmilch, saftigen Garnelen und pikanten Limettenblättern.

🕐 Zubereitungszeit: 25 Minuten

Paradiesisch lecker

FÜR 2 PERSONEN

1 DOSE KOKOSMILCH
 (400 ML)
100 G GARNELEN
4 BRAUNE CHAMPIGNONS
3 COCKTAILTOMATEN
1 BIO-LIMETTE
1 SCHALOTTE
1 BUND KORIANDER
1 EL GRÜNE CURRYPASTE
1 KAFFIRLIMETTENBLATT
2 EL PFLANZENÖL
SALZ

1

Die Cocktailtomaten vierteln, die Champignons putzen und in feine Scheiben schneiden. Die Limette heiß abwaschen, die Schale abreiben und den Saft auspressen. Die Schalotte schälen und fein hacken.

2

Die Korianderblätter von den Stielen zupfen und die Stiele fein hacken. Die Garnelen unter fließendem kaltem Wasser abspülen und trocken tupfen.

5

Die Garnelen zugeben und alles weitere 2 Minuten köcheln lassen. Anschließend das Kaffirlimettenblatt aus dem Topf nehmen.

6

Tom Kha Gung in tiefen Tellern anrichten und mit Korianderblättern dekorieren.

3
In einem Topf das Öl erhitzen und die Schalotte darin bei mittlerer Temperatur ½ Minute anbraten. Currypaste sowie Champignons zugeben und alles 1 Minute weiterbraten.

4
Mit Kokosmilch ablöschen und aufkochen. Cocktailtomaten, gehackte Korianderstiele sowie Kaffirlimettenblatt zugeben und mit 1 TL Salz, 1 EL Limettensaft sowie 1 TL Limettenschale würzen. Bei mittlerer Temperatur 2 Minuten köcheln lassen.

DER SUPPEN-KLASSIKER AUS THAILAND ÜBERZEUGT MIT SEINEN AUSSERGEWÖHNLICHEN ZUTATEN UND EINEM FRISCHEN GESCHMACK.

Thailand ist nicht nur wegen seiner paradiesischen Strände und seiner turbulenten Metropole Bangkok bekannt, sondern auch wegen der herausragenden Küche. »Tom Kha« ist die Bezeichnung für eine traditionelle Suppe, die mit Kokosmilch zubereitet wird. Für eine ganz besondere Note sorgen die Kaffirlimettenblätter, die in Thailand sehr gerne und oft eingesetzt werden und ein intensives Zitrusaroma verleihen. Als feine Einlage präsentieren sich die Garnelen (auf Thailändisch »gung«), die für köstliche Höhepunkte in unserer Suppe sorgen.

CREMIGE SPARGELSUPPE

mit Zitrone und Estragonöl

Party in der Suppenschüssel: Die Rückkehr des Spargels feiern wir mit einer Spargel-Zitronen-Suppe mit Estragonöl. Das klingt wie Musik in unseren Ohren!

Zubereitungszeit: 20 Minuten

Viel Wirbel um Spargel

FÜR 2 PERSONEN

4 STANGEN WEISSER SPARGEL
1 ROSEVAL-KARTOFFEL
1 BIO-ZITRONE
1 SCHALOTTE
1 BUND ESTRAGON
200 G SAHNE
5 EL OLIVENÖL
SALZ & PFEFFER

1

Kartoffel schälen, in ca. 1 cm große Würfel schneiden. Spargel schälen, Spitzen abschneiden und längs halbieren, Stangen schräg in ca. 2 cm lange Stücke schneiden. Schalotte schälen, fein würfeln. Zitrone waschen, Schale abreiben und den Saft auspressen.

2

In einer Pfanne 1 EL Öl erhitzen, den Spargel darin bei mittlerer Temperatur 3 Minuten rundum anbraten. Aus der Pfanne nehmen, die Spitzen für die Dekoration beiseitelegen. Estragonblätter von den Stielen zupfen und fein hacken.

5

Währenddessen in einer Schale den gehackten Estragon mit 2 EL Öl sowie ¼ TL Salz vermengen. Anschließend den Topf vom Herd nehmen und die Suppe mit einem Stabmixer fein pürieren.

6

Die Spargel-Zitronen-Suppe in tiefe Teller füllen und mit Estragonöl sowie Spargelspitzen dekorieren.

3
In einem Topf 2 EL Öl erhitzen. Schalotte und Kartoffel darin bei mittlerer Temperatur 3 Minuten anbraten, gelegentlich umrühren. Mit 1 TL Salz sowie nach Geschmack mit Pfeffer würzen.

4
Anschließend mit Sahne sowie 150 ml Wasser ablöschen, den Spargel zugeben, alles aufkochen und bei mittlerer Temperatur ca. 6 Minuten köcheln lassen. 2 EL Zitronensaft sowie 1 TL Zitronenschale zufügen.

SPARGEL WIRD ALS »KÖNIGLICHES GEMÜSE« BEZEICHNET UND KANN ETWA VON APRIL BIS JUNI GEERNTET WERDEN.

Sobald die ersten Verkaufsstände wieder am Straßenrand aufgebaut werden, führen wir ein kleines Freudentänzchen auf. Wir haben der Spargelsaison entgegengefiebert und freuen uns, den Ehrengast Spargel wieder in der Küche begrüßen zu dürfen! Zur Feier des Tages kredenzen wir eine Spargel-Zitronen-Suppe, der wir mit Estragonöl noch das gewisse Etwas verleihen. Feiert mit uns die Welcome-Back-Party des Spargels, bevor er sich zum 24. Juni, am Johannistag, wieder zu seinem Schönheitsschlaf niederlegt.

FÜR 2 PERSONEN

2 ROTE BETEN
2 MÖHREN
1 FRÜHLINGSZWIEBEL
1 KNOBLAUCHZEHE
40 G FRISCHKÄSE
1 BRÜHWÜRFEL
5 G CHIA-SAMEN
1 EL DUNKLER BALSAMICO-ESSIG
2 EL OLIVENÖL
SALZ & PFEFFER

DETOX-SUPPE

mit Roter Bete, Chia-Samen und Möhren

Diese Suppe gibt uns Schwung: Cremig-erfrischende Rote Bete mit würzigem Frischkäse und knusprigen Chia-Samen macht uns munter und bringt volle Power.

Zubereitungszeit: 25 Minuten

1
Möhren schälen, längs vierteln und in ca. 0,5 cm große Würfel schneiden. Frühlingszwiebel von Wurzel sowie oberstem Grün befreien, das Weiß in feine Ringe und das Grün schräg in ca. 0,5 cm dünne Streifen schneiden. Knoblauch schälen und fein hacken.

2
Chia-Samen in einer Pfanne 3 Minuten rösten. Anschließend herausnehmen und abkühlen lassen. Rote Beten schälen, halbieren und in ca. 0,5 cm große Würfel schneiden. TIPP: Am besten verwenden Sie hierfür Küchenhandschuhe.

5
Die Suppe nach 15 Minuten vom Herd nehmen und mit einem Stabmixer fein pürieren. Mit dem Essig, ¼ TL Salz sowie nach Geschmack mit

6
Die Rote-Bete-Suppe in tiefen Tellern anrichten und mit Frühlingszwiebel-Frischkäse sowie Chia-Samen dekorieren.

3

In einem Topf das Öl erhitzen. Knoblauch und Frühlingszwiebelweiß darin bei mittlerer Temperatur 1 Minute anbraten. Anschließend Rote Beten und Möhren zugeben und 3 Minuten mitbraten.

4

Brühwürfel und 500 ml Wasser zugeben, alles aufkochen und bei mittlerer Temperatur 15 Minuten köcheln lassen. Frischkäse mit Frühlingszwiebelgrün, 2 EL Wasser, ¼ TL Salz sowie nach Geschmack mit Pfeffer vermengen.

DIESE KÖSTLICHE SUPPE BESTICHT NICHT NUR DURCH IHRE LEUCHTENDE FARBE, SONDERN REINIGT UND VITALISIERT UNS VON INNEN.

Rote Bete zählt zu den Superstars unter den Detox-Lebensmitteln: Sie ist reich an Vitaminen, Eisen, Magnesium und Antioxidantien. Außerdem enthält sie eine Menge an Nährstoffen, die reinigend und entgiftend wirken. Mit Knoblauch, Frühlingszwiebel und würzigem Frischkäse ist die Suppe ein herrlich aromatischer Genuss. Geröstete Chia-Samen bringen den Knuspereffekt und beliefern uns zusätzlich noch mit wertvollem Omega-3. Erfrischend und wohltuend – diese Suppe ist ein echter Alleskönner!

FÜR 2 PERSONEN

100 G GLASNUDELN
250 G BROKKOLI
3 BABYMAISKOLBEN
6 BRAUNE CHAMPIGNONS
1 PEPERONI
1 BUND KORIANDER
1 KLEINE DOSE KOKOS-
   MILCH (250 ML)
20 G MASSAMAN-CURRY-
   PASTE
1 KAFFIRLIMETTENBLATT
1 EL PFLANZENÖL
SALZ

MASSAMAN-GLASNUDEL-SUPPE

mit Kokosmilch, Brokkoli und Babymais

Spektakuläres Süppchen: Unsere Massaman-Glasnudel-Suppe mit Kokosmilch, Brokkoli und Babymais besticht durch einzigartige Aromen und überzeugt bis zum letzten Löffel.

🕐 Zubereitungszeit: 20 Minuten

Mannomann Massaman

1

In einem Topf Wasser für die Glasnudeln zum Kochen bringen. Brokkoliröschen vom Strunk trennen und vierteln. Strunk schälen und in ca. 1 cm große Würfel schneiden. Babymaiskolben in ca. 1 cm breite Scheiben schneiden.

2

Die Champignons putzen und in feine Scheiben schneiden. Die Peperoni vom Stielansatz befreien, längs halbieren, Samen entfernen und die Peperoni schräg in feine Streifen schneiden. Korianderblätter von den Stielen zupfen und Stiele fein hacken.

5

Babymais, Champignons sowie gehackte Korianderstiele zugeben und alles 2 weitere Minuten köcheln lassen. Das Kaffirlimettenblatt aus dem Topf nehmen, die Glasnudeln zugeben und alles gut vermengen. Mit 1 TL Salz würzen.

6

Massaman-Glasnudel-Suppe mit Kokosmilch, Brokkoli und Babymais in tiefen Tellern anrichten und mit Korianderblättern dekorieren.

3
Die Glasnudeln mit 1 TL Salz in das kochende Wasser geben, den Topf vom Herd nehmen und die Nudeln 4 Minuten bedeckt ziehen lassen. Die Glasnudeln abgießen und gründlich kalt abspülen.

4
Öl erhitzen, Peperoni und Currypaste bei mittlerer Temperatur 1 Minute anbraten. Mit Kokosmilch und 400 ml Wasser ablöschen. Brokkoli und Kaffirlimettenblatt zugeben, aufkochen. Bei mittlerer Temperatur 2 Minuten köcheln lassen.

MASSAMAN-CURRY WIRD AUCH ALS »MUSELMANISCHES CURRY« BEZEICHNET UND VOR ALLEM IM SÜDEN THAILANDS GEGESSEN.

Verglichen mit anderen Thai-Currys ist das Massaman-Curry eher mild. Die Currypaste gefällt unseren jungen Freunden Babymais und Brokkoli deshalb besonders gut und wird auf Anhieb ins Herz geschlossen. Das tollkühne Trio ist fortan untrennbar und schafft es, noch weitere Genossen um sich zu versammeln. Bald sind auch die galanten Glasnudeln und die cremige Kokosmilch mit von der Partie und die Clique garantiert als köstliche Massaman-Glasnudel-Suppe mit Kokosmilch, Brokkoli und Babymais höchsten Genuss.

GRÜNE ZUCCHINISUPPE

mit Minzpesto und Sauerrahm

Sommerliche Suppe: Die frische Zucchini vereint sich mit Sauerrahm zu cremigem Genuss. Gemeinsam mit knackigen Sonnenblumenkernen und vitaminreichem Minzpesto zaubert sie ein echtes Aromenerlebnis auf unsere Löffel.

🕐 Zubereitungszeit: 20 Minuten

Grün gekrönt

FÜR 2 PERSONEN

1 ZUCCHINI
1 ROSEVAL-KARTOFFEL
1 SCHALOTTE
1 BUND MINZE
200 G SAUERRAHM
25 G SONNENBLUMEN-
 KERNE
1 BRÜHWÜRFEL
50 ML WEISSWEIN
5 EL OLIVENÖL
SALZ & PFEFFER

1
Die Sonnenblumenkerne in einer Pfanne ohne Öl bei mittlerer Temperatur ca. 4 Minuten unter Rühren rundum goldbraun anrösten. Anschließend aus der Pfanne nehmen und auskühlen lassen.

2
Die Zucchini von den Enden befreien und in ca. 2 cm große Würfel schneiden. Die Kartoffel schälen und in ca. 1 cm große Würfel schneiden, die Schalotte schälen und fein würfeln.

5
In einem hohen Gefäß Minze, zwei Drittel der Sonnenblumenkerne, 4 EL Öl sowie ¼ TL Salz mit einem Stabmixer grob pürieren. Suppe nach 15 Minuten vom Herd nehmen, mit dem Sauerrahm fein pürieren. Mit ½ TL Salz sowie nach Geschmack mit Pfeffer würzen.

6
Die Zucchinisuppe in tiefen Tellern anrichten und mit Minzspitzen, Minzpesto sowie den übrigen Sonnenblumenkernen dekorieren.

3

In einem großen Topf 1 EL Öl erhitzen und Schalotte sowie Kartoffelwürfel darin bei mittlerer Temperatur 1 Minute anbraten. Die Zucchini zugeben und alles 2 Minuten weiterbraten.

4

Mit Weißwein ablöschen, 400 ml Wasser sowie Brühwürfel zugeben, alles aufkochen und 15 Minuten bedeckt köcheln lassen. Minzspitzen für die Dekoration beiseitelegen, die übrigen Blätter von den Stielen zupfen und fein hacken.

DAS BESTE OBENAUF: DIE KLEINEN KERNE HABEN ES IN SICH UND BESTECHEN NICHT NUR DURCH GUTEN GESCHMACK!

Eiweiß, Vitamine und Magnesium, so viel Gutes haben die kleinen Kerne der Sonnenblume zu bieten. Sie setzen also völlig zu Recht unserer sommerlichen Suppe die Krone auf. Vorher vereinen sich Zucchini und Roseval-Kartoffel mit Sauerrahm zu einer samtigen Creme. Weißwein gibt einen Schuss Sommersonne dazu und unser Minzpesto verleiht eine Frische, die vom Bereisen ferner Länder träumen lässt. Diese Suppenkreation ist also der perfekte Start in einen lauen Sommerabend auf Balkonien.

FÜR 2 PERSONEN

5 STRAUCHTOMATEN
2 PASSIONSFRÜCHTE
1 SCHALOTTE
1 PEPERONI
1 KNOBLAUCHZEHE
1 BUND BASILIKUM
1 KLEINES BAGUETTE
6 EL OLIVENÖL
SALZ, PFEFFER & ZUCKER

TOMATEN-PASSIONS-FRUCHT-GAZPACHO

mit knusprigen Basilikum-Croûtons

Eine kleine Belebung nicht nur für heiße Sommertage: Unsere Gazpacho auf Tomatenbasis besticht durch ihre Kombination aus sanft-süßer Passionsfrucht und feuriger Peperoni.

🕐 Zubereitungszeit: 20 Minuten

Auf leichtem Fuß

1

Ofen auf 180 °C Umluft bzw. 200 °C Ober-/ Unterhitze vorheizen. Baguette längs halbieren und in ca. 3 cm große Würfel schneiden. Baguettewürfel mit 3 EL Öl beträufeln und mit ½ TL Salz sowie nach Geschmack mit Pfeffer würzen. Schalotte sowie Knoblauch schälen und fein hacken.

2

TIPP: Für eine besonders feine Textur können die Tomaten vorher gehäutet werden. Dazu die Schale der Tomaten über Kreuz einritzen, Tomaten in kochendem Wasser ca. ½ Minute blanchieren. Herausnehmen und von der Haut befreien.

5

Schalotte, Peperoni, Knoblauch, Passionsfruchtfleisch und Tomaten mit einem Stabmixer fein pürieren. Mit 1½ TL Salz, 1½ TL Zucker sowie nach Geschmack mit Pfeffer würzen und kalt stellen. Gehacktes Basilikum mit 3 EL Öl ver-

6

Tomaten-Passionsfrucht-Gazpacho in tiefe Teller geben, Croûtons mittig anrichten und mit Basilikumspitzen und Basilikumöl garnieren.

3
Brotwürfel auf ein mit Backpapier belegtes Blech geben und im vorgeheizten Ofen auf der mittleren Schiene ca. 10 Minuten goldbraun backen.

4
Passionsfrüchte halbieren und das Fruchtfleisch herauslösen. Tomaten in ca. 1 cm große Würfel schneiden. Peperoni von Stielansatz und Samen befreien, fein hacken. Basilikumspitzen für die Dekoration beiseitelegen, übrige Blätter abzupfen und fein hacken.

DIE PERFEKTE ALTERNATIVE FÜR ALLE, DIE AUF DER SUCHE NACH EINER SUPPE DER GANZ BESONDERS ERFRISCHENDEN ART SIND.

Eine Gazpacho ist im traditionellen Sinne eine Suppe aus ungekochtem Gemüse und stammt ursprünglich aus dem Raum der iberischen Halbinsel. Der beliebte Klassiker beinhaltet frische Gurke sowie Paprika – in diesem Rezept allerdings finden Sie das fruchtige Geschmackserlebnis mal ganz neu aufgelegt: Die exotische Passionsfrucht verleiht der Gazpacho eine sanfte Süße und das Basilikum, eines unserer liebsten Gewürzkräuter, zaubert eine Leichtigkeit auf den Teller, die den lang erwarteten Sommer ankündigt.

Veggie

VITAMINREICH UND LEICHT

Genussvoll vegetarisch geht es auf den nächsten Seiten zu. Wir haben eine appetitliche Auswahl getroffen und präsentieren vielfältige Wohlfühl-Teller mit reichlich knackfrischen Zutaten, die dazu noch im Handumdrehen fertig sind. Viele bunte Kombinationen zeigen, dass Veggie-Rezepte mehr können, als nur das Fleisch weglassen.

ROTES LINSENCURRY

mit Babyspinat und Aprikosen-Ingwer-Chutney

Ein köstliches Tellergedicht: Die Fusion aus roten Linsen, zartem Babyspinat und fruchtigen Tomaten ergibt ein märchenhaftes Curry, das von würzig-süßem Chutney gekrönt wird.

 Zubereitungszeit: 30 Minuten

Orientalisches Tellergedicht

FÜR 2 PERSONEN

150 G ROTE LINSEN
300 G BABYSPINAT
2 FESTKOCHENDE KARTOFFELN
1 STRAUCHTOMATE
1 ZWIEBEL
25 G FRISCHE INGWERWURZEL
1 KNOBLAUCHZEHE
1 BUND OREGANO
1 DOSE PASSIERTE TOMATEN (235 G)
3 GETROCKNETE APRIKOSEN
2 G KREUZKÜMMEL
1 GETROCKNETE CHILISCHOTE
1 TL DUNKLER BALSAMICOESSIG
3 EL OLIVENÖL
SALZ & PFEFFER

1
Zwiebel und Knoblauch schälen, fein würfeln. Ingwer schälen, fein würfeln. Kartoffeln schälen, in ca. 2 cm große Würfel schneiden. Tomate in ca. 1 cm große Würfel schneiden. Chilischote fein zerbröseln, Aprikosen fein hacken.

2
Oreganospitzen beiseitelegen, die übrigen Blätter abzupfen. 2 EL Öl erhitzen, Knoblauch, zwei Drittel des Ingwers sowie der Zwiebel darin 2 Minuten andünsten. Mit Kartoffeln, Chili, Kreuzkümmel und Oreganoblättern 1 Minute weiterbraten.

5
Den Spinat 2 Minuten vor Ende der Garzeit portionsweise in den Topf geben und alles gut vermengen.

6
Das rote Linsencurry mit Babyspinat in Schalen anrichten und mit Oreganospitzen sowie Aprikosen-Ingwer-Chutney dekorieren.

3
In einer Pfanne 1 EL Öl erhitzen. Aprikosen, übrige Zwiebel und Ingwer bei mittlerer Temperatur 2 Minuten anbraten. Mit 50 ml Wasser und dem Essig ablöschen. Mit ¼ TL Salz sowie Pfeffer würzen, Pfanne vom Herd nehmen.

4
Die Mischung in einen Topf umfüllen. Linsen, Tomatenwürfel, passierte Tomaten sowie 600 ml Wasser zur Kartoffelmischung geben, alles aufkochen und 13 Minuten köcheln lassen. Mit 1 TL Salz und nach Geschmack mit Pfeffer würzen.

EIN CHUTNEY IST SOWOHL SÜSS ALS AUCH SCHARF – IDEAL FÜR HERZHAFTE GERICHTE WIE UNSER PIKANTES LINSENCURRY.

Die indische Variante einer Marmelade harmoniert wunderbar mit unserem zarten Linsencurry. Ein Chutney besteht aus Früchten oder Gemüse, Zutaten wie Essig, Zwiebeln oder Pfeffer verleihen ihm Pep und Feuer. Das fruchtig-süße Aroma der Aprikosen und die Schärfe des Ingwers werden in diesem Chutney zu einem besonderen Geschmacksgipfel vereint. Die köstliche Komposition aus Linsencurry und Babyspinat repräsentiert bestens die orientalische Küche mit ihrem fantastischen Flair!

FÜR 2 PERSONEN

200 G TOFU
150 G AUSTERN-
 SEITLINGE
16 ZUCKERSCHOTEN
1 BIO-LIMETTE
1 PEPERONI
250 ML KOKOSMILCH
150 G JASMINREIS
25 G KOKOSRASPEL
1 EL GELBE CURRYPASTE
1 EL SOJASAUCE
3 EL PFLANZENÖL
3 EL MEHL
SALZ, PFEFFER & ZUCKER

KNUSPRIGER KOKOS-TOFU

mit Gemüsecurry und thailändischem Duftreis

....

Feine Kost aus Fernost: Köstlicher Kokos-Tofu passt perfekt zu frischem Gemüse. Unsere farbenfrohe Currypaste ergänzt den zarten Duftreis und bringt asiatische Lebenslust in das Gericht.

🕐 Zubereitungszeit: 30 Minuten

FARBENFROHES AUS FERNOST

1

Ofen auf 180 °C Umluft bzw. 200 °C Ober-/Unterhitze vorheizen. Den Tofu mit einem Tuch vorsichtig ausdrücken, längs halbieren und vierteln. Limette heiß abwaschen, die Schale abreiben und den Saft auspressen.

2

Austernseitlinge putzen und in grobe Streifen schneiden. Zuckerschoten schräg halbieren. Peperoni vom Stielansatz befreien, halbieren, Samen entfernen und Peperoni in feine Streifen schneiden.

3

In einer Schale das Mehl mit 2 EL Limettensaft, der Sojasauce sowie 3 EL Wasser vermengen. Mit ¼ TL Salz würzen. Kokosraspel in einer kleinen Schale mit ½ TL Zucker sowie ¼ TL Salz vermengen.

7

In einer Pfanne 1 EL Öl erhitzen und Currypaste sowie Peperoni darin bei mittlerer Temperatur 1 Minute anbraten. Austernseitlinge und Zuckerschoten zugeben und ca. 2 Minuten mitbraten.

8

Die Kokosmilch zugeben, alles aufkochen und 2 Minuten köcheln lassen. 1 TL Limettensaft und 1 TL Limettenschale zugeben. Mit ½ TL Salz sowie nach Geschmack mit Pfeffer würzen.

9

Duftreis sowie gelbes Gemüsecurry auf Teller geben und den Kokos-Tofu darauf anrichten.

4
Tofu in der Mehl-Limetten-Mischung und anschließend in den Kokosraspeln wenden.

5
Kokos-Tofu auf ein mit Backpapier belegtes Blech geben und mit 2 EL Öl beträufeln. Im vorgeheizten Ofen auf der mittleren Schiene ca. 15 Minuten goldbraun backen. Nach der Hälfte der Garzeit wenden.

6
Den Jasminreis mit 300 ml Wasser und ¼ TL Salz in einem Topf zum Kochen bringen. Anschließend bei niedriger Temperatur 13 Minuten bedeckt köcheln, bis das Wasser verkocht und der Reis gar ist. Gelegentlich umrühren.

VIEL MEHR ALS EIN FLEISCHERSATZ – MIT KOKOS VERFEINERTER TOFU BEGEISTERT UNS AUF GANZER LINIE.

Bei dem Begriff »Bohnenquark« wissen nur die wenigsten, was gemeint ist. Der Name »Tofu« ist da schon viel geläufiger. Tatsächlich ist die Herstellung von Tofu aber mit der von Käse und Quark vergleichbar. Dazu werden Sojabohnen eingeweicht und unter Zugabe von Wasser zermahlen. Die nun entstandene Sojamilch wird gekocht und dann mit einem Gerinnungsmittel versetzt. Die ideale Begleitung für unseren gebackenen Tofu haben wir im Gemüsecurry mit knackigen Zuckerschoten und gebratenen Austernseitlingen gefunden.

GRANATAPFEL-LINSEN-SALAT

mit Curry-Blumenkohl und Dattel-Mandel-Crunch

....

Bunter Salatgenuss: Mit Curry verfeinerter Blumenkohl nimmt Platz auf einem fruchtigen Granatapfel-Linsen-Salat. Knusprig gekrönt wird er von einem Dattel-Mandel-Crunch.

🕐 Zubereitungszeit: 25 Minuten

Bunter Salatgenuss

FÜR 2 PERSONEN

350 G BLUMENKOHL
1 GRANATAPFEL
1 BUND KORIANDER
100 G ROTE LINSEN
3 GETROCKNETE
 DATTELN
15 G BLANCHIERTE
 MANDELN
3 G MADRAS-CURRYPULVER
1 WEISSWEINESSIG
6 EL OLIVENÖL
SALZ, PFEFFER & ZUCKER

1
Ofen auf 160 °C Umluft bzw. 180 °C Ober-/Unterhitze vorheizen. Blumenkohlröschen abschneiden, vierteln. Granatapfel halbieren, aus einer Hälfte den Saft auspressen, aus der anderen die Kerne lösen. Mandeln und Datteln hacken.

2
In einem kleinen Topf Wasser für die Linsen aufkochen. Blumenkohl mit 3 EL Öl, Currypulver, ½ TL Salz, 1 TL Zucker sowie nach Geschmack mit Pfeffer marinieren. Datteln und Mandeln in einer Schale mit 1 EL Öl vermengen.

5
Dattel-Mandel-Masse für 5 Minuten zum Blumenkohl in den Ofen geben. Linsen abgießen, mit Granatapfelkernen, Koriander, 3 EL Granatapfelsaft, 2 EL Öl sowie Essig vermengen. Mit ¼ TL Salz und nach Geschmack mit Pfeffer würzen.

6
Granatapfel-Linsen-Salat auf Teller geben und Curry-Blumenkohl sowie Dattel-Mandel-Crunch darauf anrichten. Mit Korianderspitzen dekorieren.

3
Blumenkohl auf ein mit Backpapier belegtes Blech geben und im vorgeheizten Ofen auf der mittleren Schiene ca. 18 Minuten garen.

4
Die Linsen mit 1 TL Salz in kochendem Wasser bei mittlerer Temperatur ca. 5 Minuten bissfest garen. Korianderspitzen für die Dekoration beiseitelegen, die übrigen Korianderblätter von den Stielen zupfen und grob hacken.

DATTELN SIND EIN GESCHENK AUS DER WÜSTE. IN UNSEREM LINSENSALAT BEREITEN SIE UNS SÜSSE GENUSSMOMENTE.

Ihren Spitznamen »Brot der Wüste« haben sich die rotbraunen Früchte wahrlich verdient. Neben ihrem hohen Vitamingehalt sind sie zudem ein ausgezeichneter Energielieferant. Bei glühender Hitze gedeihen die bis zu 20 Meter hohen Dattelpalmen in den Wüsten des Orients. Ihre ersten Früchte können jedoch erst nach etwa acht Jahren geerntet werden. Zusammen mit aromatischen Mandeln entsteht ein köstlicher Crunch, der sich ideal als süße Verfeinerung für unseren Linsensalat eignet.

ORIENTALISCHE TACOS

mit gebratenem Halloumi und Jalapeño-Hummus

Auf die inneren Werte kommt es an: Unsere orientalischen Tacos kommen mit einer freudigen Füllung aus gebratenem Halloumi und feurigem Jalapeño-Hummus daher.

⏱ Zubereitungszeit: 25 Minuten

Feurige Füllung

FÜR 2 PERSONEN

6 WEIZENTORTILLAS
2 STRAUCHTOMATEN
1 MINI-GURKE
1 BIO-LIMETTE
1 JALAPEÑO
1 KNOBLAUCHZEHE
1 BUND KORIANDER
250 G HALLOUMI
1 DOSE KICHERERBSEN
 (400 G)
7 EL OLIVENÖL
SALZ & PFEFFER

1
Ofen auf 180 °C Umluft bzw. 200 °C Ober-/Unterhitze vorheizen. Den Käse würfeln. Jalapeño von Stielansatz und Samen befreien, hacken. Knoblauch schälen, fein hacken. Limette abwaschen, Schale abreiben und Saft auspressen.

2
Kichererbsen abgießen, Flüssigkeit auffangen. Tomaten halbieren, von Stielansätzen und Samen befreien, in ca. 1 cm breite Spalten schneiden. Gurke von Enden befreien, quer sowie längs halbieren, in feine Streifen schneiden. Korianderblätter abzupfen.

5
Währenddessen Tortillas auf ein mit Backpapier belegtes Blech geben und im vorgeheizten Ofen auf der mittleren Schiene ca. 2 Minuten erwärmen.

6
Tortillas aus dem Ofen nehmen, mit dem Hummus bestreichen. Mit Koriander, Gurke und Tomate belegen und die Tortillas auf Teller geben. Halloumi darauf anrichten und nach Geschmack mit Limettenöl beträufeln.

3
Kichererbsen mit Knoblauch, Jalapeño, 7 EL Kichererbsenflüssigkeit, 3 EL Öl sowie 2 EL Limettensaft in einem hohen Gefäß mit einem Stabmixer zu feinem Hummus pürieren. Mit ½ TL Salz sowie nach Geschmack mit Pfeffer würzen.

4
In einer Pfanne 2 EL Öl erhitzen und Halloumi bei mittlerer Temperatur ca. 4 Minuten rundum goldbraun anbraten. In einer Schale 2 EL Öl mit 1 TL Limettenschale vermengen.

VON MEXIKANISCHEN TORTILLAS UMGEBEN, VERSTECKT SICH UNSER GEBRATENER HALLOUMI IM INNEREN DER TACOS.

Bei dem herzhaften Halloumi handelt es sich um einen traditionsreichen Käse, der schon vor mehr als 2000 Jahren die alten Ägypter begeistert hat. Heute ist der halbfeste Käse in diversen Mittelmeerländern heimisch und hat in Zypern sogar den Status eines Nationalgerichts erhalten. Die Besonderheit des Halloumi ist, dass er beim Erhitzen nicht schmilzt. Daher eignet er sich hervorragend zum Grillen oder Braten. Kombiniert mit unserem würzigen Hummus entsteht so Hochgenuss mit Orient-Touch.

FÜR 2 PERSONEN

500 G BUTTERNUSSKÜRBIS
2 BIO-ORANGEN
75 G BABY-KALE
20 G GETROCKNETE
 CRANBERRYS
15 G BLANCHIERTE
 MANDELN
2 G QUATRE ÉPICES
1 EL WEISSWEINESSIG
5 EL OLIVENÖL
SALZ, PFEFFER & ZUCKER

WÜRZIG GEBACKENER BUTTERNUSSKÜRBIS

auf Baby-Kale mit Orangendressing und Mandeln

Ein herbstlicher Genuss: gebackener Butternusskürbis, dazu frischer Baby-Kale, der durch geröstete Mandeln und die Süße der Cranberrys abgerundet wird.

🕐 Zubereitungszeit: 30 Minuten

Cooler Kohl

1

Ofen auf 200 °C Umluft bzw. 220 °C Ober-/Unterhitze vorheizen. Den Kürbis schälen und in ca. 3 cm große Würfel schneiden. Die Mandeln grob hacken, die Cranberrys ebenfalls grob hacken.

2

In einer Schale Kürbis mit Quatre Épices sowie 3 EL Öl vermengen. Mit ½ TL Salz sowie nach Geschmack mit Pfeffer würzen. Auf einem mit Backpapier belegten Blech im vorgeheizten Ofen auf der oberen Schiene 20 Minuten garen.

5

Baby-Kale mit der Hälfte des gebackenen Butternusskürbisses, den Cranberrys, zwei Drittel der Mandeln und der Vinaigrette in einer Schüssel vermengen.

6

Baby-Kale mit würzig-gebackenem Butternusskürbis auf Teller geben und mit den übrigen Mandeln sowie den Orangenfilets dekorieren.

3
Eine Pfanne ohne Öl erhitzen. Mandeln bei hoher Temperatur ca. 3 Minuten goldbraun rösten. Die Orangen heiß abwaschen, eine Orange schälen und filetieren, beiseitestellen. Schale der anderen Orange abreiben und den Saft auspressen.

4
In einer Schale 3 EL Orangensaft, ½ TL Orangenschale, 2 EL Öl sowie den Weißweinessig verrühren und mit 1 TL Zucker, ¼ TL Salz sowie nach Geschmack mit Pfeffer würzen.

DER GRÜNKOHL IST ZURÜCK. ER ERREICHT KULTSTATUS IN ÜBERSEE UND STEHT JETZT AUCH WIEDER AUF UNSEREM SPEISEPLAN.

Hinter dem Begriff »Baby-Kale« versteckt sich der junge Grünkohl. In den USA wird er wegen seiner zahlreichen Nährstoffe als »Superfood« gefeiert und auch in Deutschland erfreut er sich immer größerer Beliebtheit. Er enthält reichlich Vitamine, viele wertvolle Mineralstoffe wie Kalium, Magnesium, Kalzium und Eisen und außerdem jede Menge Ballaststoffe. Das Wintergemüse wird geerntet, solange es noch jung ist. Bei unserem Rezept gesellen sich zu dem Baby-Kale geröstete Mandeln und Cranberrys – eine köstliche Kombination.

ONE-POT-QUINOA

mit Thai-Gemüse und Erdnuss-Sauce

One-Pot-Wonder: Unsere rote Quinoa mit köstlichem Thai-Gemüse und Erdnuss-Sauce platziert sich als Neueinsteiger gleich ganz oben in den Lieblingsgerichte-Charts.

Zubereitungszeit: 30 Minuten

Superfood Super Veggie

FÜR 2 PERSONEN

150 G ROTE QUINOA
2 MINI-PAK-CHOI
1 ROTE ZWIEBEL
1 BIO-LIMETTE
1 KNOBLAUCHZEHE
1 PEPERONI
2 MÖHREN
4 SHIITAKEPILZE
30 G ERDNUSSBUTTER
25 G ERDNÜSSE
2 EL SOJASAUCE
2 EL PFLANZENÖL
SALZ & ZUCKER

1

Pilze putzen, in ca. 0,3 cm dünne Scheiben schneiden. Zwiebel und Knoblauch schälen, fein würfeln. Möhren schälen, längs halbieren, schräg in 0,5 cm dicke Scheiben schneiden. Peperoni von Stielansatz und Samen befreien, in feine Ringe schneiden. Erdnüsse grob hacken.

2

Limette heiß abwaschen, Schale abreiben und Saft auspressen. In einem Topf das Öl erhitzen, die Zwiebel darin bei mittlerer Temperatur 1 Minute anbraten. Pilze, Knoblauch, Peperoni sowie Möhren zugeben und 2 Minuten mitbraten.

5

Pak Choi, 1 TL Limettenschale, 2 EL Limettensaft sowie die übrige Sojasauce zur Quinoa-Mischung geben, alles gut vermengen und weitere 2 Minuten köcheln lassen.

6

Quinoa mit Thai-Gemüse in Schalen anrichten. Mit Erdnuss-Sauce und den übrigen Erdnüssen dekorieren.

3
Mit 300 ml Wasser ablöschen, mit Quinoa und 1 TL Salz aufkochen, bedeckt bei mittlerer Temperatur 15 Minuten köcheln lassen. Pak Choi vom Strunk befreien und in ca. 2 cm breite Streifen schneiden.

4
In einer Schale die Hälfte der gehackten Erdnüsse mit 1 TL Limettensaft, Erdnussbutter, der Hälfte der Sojasauce und 3 EL warmem Wasser vermengen. Mit ½ TL Zucker würzen.

QUINOA ERFREUT SICH IN DEN LETZTEN JAHREN IMMER GRÖSSERER BELIEBTHEIT UND GILT ALS »SUPERFOOD«.

Quinoa ist in Südamerika schon seit 6000 Jahren ein lebenswichtiges Grundnahrungsmittel. Die kleinen Körnchen gehören zur selben Pflanzenfamilie wie Spinat und Rote Bete. Sie überzeugen nicht nur durch ihren Geschmack, sondern versorgen uns zusätzlich mit einer Menge nützlicher Nährstoffe. Unsere One-Pot-Quinoa wickelt uns deswegen auch im Nu um den Finger und liefert dabei ein weiteres schlagkräftiges Argument, das uns an die Herdplatten lockt: Bei nur einem Topf ist der lästige Abwasch danach garantiert in Sekundenschnelle erledigt!

FÜR 2 PERSONEN

1 LAUCHSTANGE
3 STRAUCHTOMATEN
1 GELBE PAPRIKASCHOTE
1 BIO-ORANGE
1 ZWIEBEL
2 KNOBLAUCHZEHEN
1 BUND KORIANDER
150 G JOGHURT
1 DOSE KICHERERBSEN (400 G, VORGEGART)
150 G COUSCOUS
4 G RAS EL-HANOUT
2 G GEMAHLENER KREUZKÜMMEL
2 G GEMAHLENER ZIMT
1 GETROCKNETE CHILISCHOTE
6 EL OLIVENÖL
SALZ & ZUCKER

MAROKKANISCHES GEMÜSECURRY

mit Kichererbsen, Paprika und Orangen-Couscous

Marokkanische Vielfalt: Spritzige Orange, gegrillte Paprika, würziges Ras el-Hanout und frischer Koriander machen dieses Gericht zu einem echten Aromenwunder!

⏱ Zubereitungszeit: 30 Minuten

Aromenwunder Tajine

1
Ofen auf 200 °C Umluft bzw. 220 °C Ober-/Unterhitze vorheizen. Tomaten von Stielansätzen und Samen befreien, in ca. 1 cm große Würfel schneiden. Lauch von Wurzeln und oberstem Grün befreien, längs halbieren und in ca. 0,5 cm breite Streifen schneiden. Zwiebel und Knoblauch schälen, fein hacken.

2
Orange heiß abwaschen, Schale abreiben und Saft auspressen. Paprika von Stielansatz und Samen befreien, in 0,5 cm breite Streifen schneiden. Korianderspitzen beiseitelegen, übrige Blätter und Stiele hacken. Kichererbsen abgießen.

3
In einer Schüssel die Paprikastreifen mit 2 EL Öl sowie ½ beziehungsweise 1 TL Salz vermengen. Auf einem mit Backpapier belegten Blech im vorgeheizten Ofen auf der mittleren Schiene ca. 16 Minuten goldbraun backen.

7
Kichererbsen in den Topf mit den Tomaten geben und 5 Minuten mitköcheln. Anschließend den Lauch zufügen und weitere 4 Minuten mitköcheln. Mit 1½ TL Salz sowie 1 TL Zucker würzen.

8
In einer Schale Joghurt mit Kreuzkümmel sowie ¼ TL Salz vermengen. Paprika aus dem Ofen nehmen. Zimt sowie den gehackten Koriander zum Gemüse geben und den Topf vom Herd nehmen.

9
Couscous sowie Tajine auf flache Teller geben, Paprika darauf anrichten. Mit Kreuzkümmel-Joghurt und Korianderspitzen dekorieren.

4
In einem Topf 2 EL Öl erhitzen. Zwiebel, zwei Drittel des Knoblauchs sowie Ras el-Hanout bei hoher Temperatur 1 Minute anbraten. Tomaten, Orangensaft, 50 ml Wasser und zerbröselte Chilischote zugeben, 3 Minuten bedeckt köcheln lassen.

5
In einem kleinen Topf 2 EL Öl erhitzen und den übrigen Knoblauch darin bei mittlerer Temperatur 1 Minute anbraten. 200 ml Wasser sowie ½ TL Salz zugeben und alles zum Kochen bringen.

6
Anschließend den Topf vom Herd nehmen, den Couscous sowie 1 TL Orangenschale einrühren und 10 Minuten bedeckt ziehen lassen.

IN MAROKKO HEISST DIESES GEMÜSECURRY TRADITIONELL »TAJINE« UND WIRD IN UNZÄHLIGEN VARIANTEN GEKOCHT.

Der Name »Tajine« für die Zubereitung leitet sich vom Tajine-Topf ab, eine Schale mit kegelförmigem Deckel, unter dem das Gericht geschmort wird. Das intensive Geschmackserlebnis kann jedoch auch ohne speziellen Tajine-Topf erreicht werden. Aromatischer Zimt, Chili und Ras el-Hanout verleihen unserem Gemüsecurry eine besondere Würze, die wunderbar mit der spritzigen Orange harmoniert. Begleitet wird das köstliche Gericht von erfrischendem Kreuzkümmel-Joghurt und feinem Couscous mit Orangenschale.

FÜR 2 PERSONEN

200 G COUSCOUS
1 BIO-ORANGE
4 APRIKOSEN
1 SCHALOTTE
1 BUND PETERSILIE
1 BUND MINZE
250 G HALLOUMI
2 G RAS EL-HANOUT
1 GETROCKNETE CHILI-SCHOTE
1 EL WEISSWEINESSIG
7 EL OLIVENÖL
SALZ & ZUCKER

SOMMERLICHER COUSCOUS-SALAT

mit Chili-Aprikosen und gebratenem Halloumi

Perfekte Beilage zum Grillen: Auf diesem sommerlichen Couscous-Salat tanzen sanfte Aprikosen und heiße Chili Hand in Hand um würzig-krossen Halloumi.

🕐 Zubereitungszeit: 30 Minuten

Sommernachtsküsse

1

Ofen auf 220 °C Ober-/Unterhitze vorheizen. Schalotte schälen, in Streifen schneiden. Aprikosen halbieren, vom Kern befreien. Orange heiß abwaschen, Schale abreiben und Saft auspressen. Halloumi längs halbieren, in ca. 2 cm breite Streifen schneiden.

2

In einem Topf 300 ml Wasser zum Kochen bringen. Vom Herd nehmen, Couscous, Orangensaft, Ras el-Hanout, 1 TL Orangenschale sowie ½ TL Salz einrühren und alles 7 Minuten bedeckt ziehen lassen.

5

Gehackte Kräuter sowie Schalotte zum Couscous geben und mit 4 EL Öl, dem Weißweinessig, ¼ TL Salz sowie ½ TL Zucker würzen.

6

Den Couscous-Salat mittig auf Teller geben und Chili-Aprikosen darauf anrichten. Mit Halloumistreifen sowie Minz- und Petersilienspitzen dekorieren.

3

Aprikosen mit 1 EL Öl, 1 EL Zucker, ¼ TL Salz und zerbröselter Chilischote mischen. Mit den Schnittflächen nach oben auf einem mit Backpapier belegten Blech im Ofen auf der obersten Schiene ca. 8 Minuten goldbraun grillen.

4

In einer Pfanne 2 EL Öl erhitzen, den Halloumi darin bei mittlerer Temperatur ca. 4 Minuten rundum goldbraun anbraten. Minz- und Petersilienspitzen für die Dekoration beiseitelegen, die übrigen Blätter abzupfen und fein hacken.

FRUCHTIG-LEICHT UND ANGENEHM SCHARF WICKELT UNS DIESER VEGETARISCHE COUSCOUS-SALAT UM SEINE FINGER.

Der Star in diesem Rezept ist der nordafrikanische Couscous. Seine kleinen Kugeln bestehen aus Hartweizengrieß, Hirse oder Gerste. Als wahres Geschmacks-Chamäleon ist er vielseitig einsetzbar. Nach nordafrikanischer Tradition feiert man mit Couscous übrigens die Geselligkeit in der Familie: Auf einem Teller in der Tischmitte angerichtet, wird er zum Zentrum des Geschehens, wenn die Familie zusammenkommt. Welch schöne Inspiration lässt sich hieraus schöpfen: Laden Sie Ihre Familie oder Freunde ein und schlemmen Sie gemeinsam!

KNUSPRIGE SOCCA

mit grünem und weißem Spargel, Dill und Feta

Originell, frisch, leicht: Knackiger Spargel, cremiger Feta und aromatischer Dill vereinen sich auf einem knusprigen provenzalischen Pfannkuchen aus Kichererbsenmehl.

🕐 Zubereitungszeit: 30 Minuten

FLADEN AUF FRANZÖSISCH

FÜR 2 PERSONEN

- 4 STANGEN GRÜNER SPARGEL
- 3 STANGEN WEISSER SPARGEL
- 2 ZWIEBELN
- 1 BUND DILL
- 90 G KICHERERBSENMEHL
- 50 G FETA
- 2 TL DUNKLER BALSAMICO-ESSIG
- 7 EL PFLANZENÖL
- SALZ & PFEFFER

1

Den Backofen auf 200 °C mit Grillfunktion vorheizen. Mehl mit 280 ml Wasser sowie 2 EL Öl zu glattem Teig verrühren. Mit 1 TL Salz sowie nach Geschmack mit Pfeffer würzen. Zwiebeln schälen, in feine Ringe schneiden.

2

In einer Pfanne 2 EL Öl erhitzen. Die Zwiebeln darin bei mittlerer Temperatur 10 Minuten anbraten. Den grünen Spargel von den Enden befreien, längs halbieren. Den weißen Spargel schälen, von den Enden befreien und längs halbieren.

5

Den weißen und grünen Spargel auf ein mit Backpapier belegtes Blech geben, mit 1 EL Öl bestreichen. Mit ¼ TL Salz sowie nach Geschmack mit Pfeffer würzen und im Ofen auf der oberen Schiene ca. 8 Minuten goldbraun grillen.

6

Die Socca auf Teller geben, mit Zwiebeln und Spargel belegen sowie mit Feta und Dill dekorieren.

3

Den Feta grob zerbröseln, den Dill von den Stielen zupfen. Den Balsamico-Essig zu den Zwiebeln geben und alles weitere 5 Minuten braten. Mit ¼ TL Salz würzen und aus der Pfanne nehmen.

4

In der Pfanne 2 EL Öl erhitzen, die Hälfte des Teigs darin bei mittlerer bis hoher Temperatur in ca. 5 Minuten zu einer goldbraunen Socca backen. Wenden, weitere 3 Minuten backen. Im Ofen warm halten und eine weitere Socca backen.

GLUTENFREIER HOCHGENUSS: EINE SOCCA WIRD MIT KICHERERBSENMEHL ZU EINEM EBENSO GESUNDEN WIE KÖSTLICHEN ALLESKÖNNER.

Zwei Geheimtipps für diese Socca-Variation: Probieren Sie die Zubereitung doch auch einmal mit Kokosöl! Das kann nicht nur problemlos stark erhitzt werden – es überrascht auch mit vielen Mineralien und Vitaminen. Sie möchten das Gericht erst morgen genießen? Prima: Lassen Sie den Teig ruhig eine ganze Nacht ziehen – das verleiht der milden Socca eine besonders himmlische Note.

FÜR 2 PERSONEN

1 DOSE KICHERERBSEN
 (400 G, VORGEGART)
1 ZUCCHINI
2 MÖHREN
1 STRAUCHTOMATE
1 BIO-ZITRONE
1 KNOBLAUCHZEHE
1 BUND PETERSILIE
150 G JOGHURT
25 G TAHIN (SESAMPASTE)
10 G PISTAZIENKERNE
2 G FALAFELGEWÜRZ
1 TL WEISSWEINESSIG
7 EL OLIVENÖL
2 EL MEHL
SALZ & PFEFFER

PISTAZIEN-FALAFEL

mit gegrilltem Gemüse und Sesam-Joghurt

Vegetarischer Traum: Würzige Falafel, aromatisches Gemüse, frische Petersilie, fruchtige Tomate und cremiger Joghurt mit Sesampaste garantieren einen orientalischen Gaumenschmaus.

Zubereitungszeit: 30 Minuten

Außen knusprig innen weich

1
Ofen auf 180 °C Umluft bzw. 200 °C Ober-/Unterhitze vorheizen. Die Zucchini vom Strunk befreien und schräg in ca. 1 cm dicke Scheiben schneiden. Die Möhren schälen und schräg in ca. 0,5 cm dicke Scheiben schneiden.

2
Die Pistazien fein hacken oder in einem Mörser grob zermahlen. Den Knoblauch schälen und fein hacken. Die Zitrone heiß abwaschen, die Schale abreiben und den Saft auspressen.

3
Die Kichererbsen abgießen und mit einer Gabel zerdrücken. Kichererbsenpaste mit Pistazien, Knoblauch, Falafelgewürz, 2 TL Zitronenschale sowie 1 EL Mehl vermengen und mit 1 TL Salz sowie nach Geschmack mit Pfeffer würzen.

7
Joghurt mit Tahin und 3 TL Zitronensaft mischen. Mit ½ TL Salz und nach Geschmack mit Pfeffer würzen. Die Tomate halbieren, von Stielansatz und Samen befreien, sehr fein würfeln. Petersilienblätter abzupfen und fein hacken.

8
In einer Schale Tomate und Petersilie mit 1 TL Öl und dem Weißweinessig vermengen. Mit ¼ TL Salz sowie nach Geschmack mit Pfeffer würzen.

9
Das gegrillte Gemüse mit dem Petersiliensalat auf Teller geben, Pistazien-Falafel darauf anrichten und mit Sesam-Joghurt garnieren.

4
Möhren- und Zucchinischeiben mit 2 EL Öl vermengen, mit ½ TL Salz und nach Geschmack mit Pfeffer würzen. Gemüse auf einem mit Backpapier belegten Blech im Ofen auf der mittleren Schiene ca. 15 Minuten goldbraun backen.

5
Währenddessen die Kichererbsen-Pistazien-Masse zu 6 Bällchen formen und in 1 EL Mehl wenden.

6
In einer Pfanne 4 EL Öl erhitzen und die Pistazien-Falafel-Bällchen darin bei mittlerer Temperatur ca. 8 Minuten rundum goldbraun braten.

ORIENTALISCHE BÄLLCHEN: DIE AUS ÄGYPTEN STAMMENDEN FALAFEL ZAUBERN UNS FERNE LÄNDER AUF DIE TELLER.

Inzwischen sind Falafel hierzulande ein beliebtes vegetarisches Gericht. Richtig zubereitet zeichnen sich Falafel durch eine goldene, knusprige Hülle und ein grünliches, weiches Inneres mit nussigem Geschmack aus. Dank des Falafelgewürzes wird es besonders aromatisch: Ob Zimt, Koriander, Gewürznelken oder Kreuzkümmel – bei dieser Zubereitung verspüren Sie direkt Reiselust! Falafel werden traditionell auf Basis von pürierten Kichererbsen zubereitet. Knoblauch, Zitronenschale und Pistazien verfeinern unsere Bällchen und bereiten Ihnen eine spannende Geschmackserfahrung!

GRÜNES THAI-CURRY

mit Zuckerschoten, Shiitake und Erdnuss-Reis

Erfrischender Hochgenuss: Belebende, grüne Currypaste wird mit knackigen Zuckerschoten, aromatischen Shiitake und nussigem Jasminreis zu einer perfekten Speise im Frühling.

Zubereitungszeit: 30 Minuten

FÜR 2 PERSONEN

1 AUBERGINE
5 SHIITAKEPILZE
8 ZUCKERSCHOTEN
1 BIO-LIMETTE
1 ZWIEBEL
1 BUND KORIANDER
1 STANGE ZITRONENGRAS
1 DOSE KOKOSMILCH
 (400 ML)
150 G JASMINREIS
25 G ERDNÜSSE
1 EL GRÜNE CURRYPASTE
1 KAFFIRLIMETTENBLATT
2 EL PFLANZENÖL
SALZ & ZUCKER

1
Die Aubergine vom Stielansatz befreien und in ca. 2 cm große Würfel schneiden. Shiitakepilze putzen und vierteln. Zitronengras von der Wurzel sowie der äußeren Schicht befreien und sehr fein hacken. Zwiebel schälen und fein hacken.

2
In einem Topf das Öl erhitzen und das Zitronengras sowie die Zwiebel darin mit 1 TL Zucker bei mittlerer Temperatur ca. 3 Minuten goldbraun anbraten. Die grüne Currypaste zugeben und 1 Minute mitbraten.

3
Jasminreis mit 250 ml warmem Wasser, Kaffirlimettenblatt und ½ TL Salz aufkochen. Temperatur reduzieren, den Reis 15 Minuten bedeckt köcheln lassen, bis das Wasser verkocht und der Reis gar ist. Gelegentlich umrühren.

7
Zuckerschoten, 2 EL Limettensaft, 1 TL Limettenschale sowie ½ TL Salz zum Curry geben und gut vermengen. Anschließend den Topf vom Herd nehmen.

8
Das Kaffirlimettenblatt aus dem gegarten Reis nehmen. Die gehackten Erdnüsse zugeben und alles gut vermengen.

9
Das grüne Thai-Curry mit dem Erdnuss-Reis anrichten. Mit dem Koriander und den Limettenscheiben dekorieren.

4
Auberginenwürfel, Shiitake-pilze, Kokosmilch und 140 ml warmes Wasser zufügen, alles aufkochen und bei mittlerer Temperatur ca. 15 Minuten offen köcheln lassen. Mit 1 TL Salz würzen. Gelegentlich umrühren.

5
Die Limette heiß abwaschen und die Schale abreiben. Anschließend die Limette halbieren, 2 Scheiben für die Dekoration beiseitelegen und den Saft auspressen. Die Erdnüsse grob hacken.

6
Den Koriander mit Stielen ebenfalls grob hacken und die Zuckerschoten schräg halbieren.

KLASSISCHE AMPELFARBEN: SIE HABEN DIE WAHL ZWISCHEN GRÜNER, GELBER UND ROTER CURRYPASTE.

Currypasten unterscheiden sich nicht nur hinsichtlich ihrer Farbe, sondern maßgeblich in ihrem Geschmack. Die rote Paste ist leicht pikant und würzig. Die gelbe wurde aus einer sehr milden Sorte getrockneter Chilischoten hergestellt – die kräftig gelbe Farbe erhält diese Currypaste durch die Zugabe von Kurkuma. Das grüne Pendant hat ein bisschen mehr Feuer und schmeckt zitronig-frisch. Doch keine Sorge, die pikante Note der grünen Chilischoten wird in unserem Rezept durch cremige Kokosmilch und Erdnuss-Reis zu einem sehr angenehmen Schärfekick.

KOREANISCHE TACOS

mit Kimchi, Erdnüssen und Chili-Koriander-Tofu

Exotisches Geschmackserlebnis: In Chilipaste, Ingwer und Knoblauch eingelegter Chinakohl vereint sich mit knusprig gebackenem Tofu und wird von einer zarten Tortilla umarmt.

Zubereitungszeit: 25 Minuten

Meisterliche Komposition

FÜR 2 PERSONEN

6 WEIZENTORTILLAS
200 G TOFU
¼ CHINAKOHL
1 FRÜHLINGSZWIEBEL
25 G FRISCHE INGWER-
 WURZEL
1 KNOBLAUCHZEHE
1 BUND KORIANDER
250 G QUARK
30 G KOREANISCHE CHILI-
 PASTE
25 G ERDNÜSSE
2½ EL WEISSWEINESSIG
3 EL PFLANZENÖL
SALZ, PFEFFER & ZUCKER

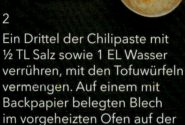

1
Ofen auf 180 °C Umluft bzw. 200 °C Ober-/Unterhitze vorheizen. Chinakohl vom Strunk befreien, längs in ca. 2 cm breite Streifen schneiden. Ingwer schälen, fein reiben. Knoblauch schälen, in feine Scheiben schneiden. Tofu in ca. 2 cm große Würfel schneiden.

2
Ein Drittel der Chilipaste mit ½ TL Salz sowie 1 EL Wasser verrühren, mit den Tofuwürfeln vermengen. Auf einem mit Backpapier belegten Blech im vorgeheizten Ofen auf der mittleren Schiene ca. 20 Minuten goldbraun backen.

3
Währenddessen in einer großen Schüssel die übrige Chilipaste, Ingwer, Knoblauch, 2 EL Öl sowie 1½ EL Weißweinessig vermengen und mit ½ TL Salz sowie ¼ TL Zucker würzen.

7
In einer weiteren Schale den Koriander mit 1 EL Öl vermengen. Erdnüsse grob hacken. Gebackene Tofuwürfel aus dem Ofen nehmen und kurz abkühlen lassen. Anschließend zur Koriander-Öl-Mischung geben und gut vermengen.

8
Die Tortillas auf einem mit Backpapier belegten Blech im vorgeheizten Ofen auf der mittleren Schiene ca. 2 Minuten erwärmen.

9
Die Tortillas aus dem Ofen nehmen. Mit Quark, Chinakohl (Kimchi) sowie Koriander-Tofu füllen und aufrollen. Auf Teller legen und mit Erdnüssen sowie Frühlingszwiebelgrün dekorieren.

4
Den Chinakohl in die Schüssel zur Marinade geben und mit den Händen 1 Minute kräftig durchkneten. Bis zum Servieren ziehen lassen.

5
Die Frühlingszwiebel von Wurzeln sowie oberstem Grün befreien und das Weiß in feine Ringe schneiden. Das Frühlingszwiebelgrün in ca. 2 cm breite Streifen schneiden. Den Koriander mit Stielen sehr fein hacken.

6
In einer Schale den Quark mit Frühlingszwiebelweiß sowie 1 TL Weißweinessig vermengen. Mit ½ TL Salz sowie nach Geschmack mit Pfeffer würzen.

DIE VIELFALT AN AROMEN DER KOREANISCHEN KÜCHE VERZAUBERT UNSERE SINNE UND MACHT LUST AUF MEHR.

Eine meisterliche Komposition: Pikant marinierter Tofu wird im Ofen gebacken und sorgt für eine angenehme Würze. Dazu mundet der mit Frühlingszwiebeln verfeinerte Quark zum Gericht. Für den dezent sauren Geschmack fehlt nur noch das beliebte Kimchi: Der mit Weißweinessig marinierte Chinakohl wird in Korea praktisch zu jeder Mahlzeit gereicht und sorgt für einen kulinarischen Höhenflug. Durch die zarte Umarmung einer Tortilla werden die einzelnen Geschmackserlebnisse schließlich vereint.

PASTA

SCHNELL UND LECKER

Teigwaren machen glücklich. Das liegt nicht nur an den guten Kohlenhydraten, sondern ganz besonders an der Vielzahl kreativer Zubereitungsmöglichkeiten. Ob mit Pesto oder in viel Sauce, frühlingsleicht oder winterlich mit Ragout – Ideen gibt es viele. Wir behaupten, für jede Gelegenheit bietet sich das passende Nudelrezept. Und wer sagt, dass Pasta immer aus Italien kommen muss? Die asiatischen Kollegen sorgen für ordentlich Aufsehen unter den bekannten Klassikern. Probieren wir es gemeinsam aus!

FÜR 2 PERSONEN

300 G TAGLIOLINI ROSSI
8 GELBE COCKTAIL-TOMATEN
1 PEPERONI
1 KNOBLAUCHZEHE
1 BUND OREGANO
50 G PECORINO
6 SCHEIBEN CHORIZO
2 EL OLIVENÖL
SALZ & PFEFFER

TAGLIOLINI ROSSI

mit Chorizo, Pecorino und gelben Tomaten

....

Das Temperament Südeuropas: Der intensive Geschmack Italiens und das Feuer Spaniens treffen aufeinander, wenn sich Tagliolini rossi mit Chorizo, Pecorino und gelben Tomaten vereinen.

🕐 Zubereitungszeit: 20 Minuten

Schwungvoll aufgegabelt

1

Wasser für die Tagliolini aufkochen. Einige Oreganospitzen für die Dekoration beiseitelegen, die übrigen Blätter abzupfen und fein hacken. Peperoni von Stielansatz und Samen befreien und in feine Ringe schneiden. Knoblauch schälen und fein hacken.

2

Die Chorizo in große Stücke schneiden, den Pecorino fein reiben und die Cocktailtomaten vierteln.

5

Gegen Ende der Kochzeit 8 EL Pasta-Wasser, gehackten Oregano und zwei Drittel des Pecorino in die Pfanne geben. Mit ½ TL Salz und mit Pfeffer würzen. Tagliolini abgießen, in die Pfanne geben und alles gut vermengen.

6

Tagliolini rossi mit Chorizo und gelben Tomaten auf Tellern anrichten und mit dem übrigen Pecorino sowie den Oreganospitzen dekorieren.

3
In einer Pfanne das Öl stark erhitzen. Die Chorizo darin bei mittlerer Temperatur ca. 2 Minuten knusprig braten. Anschließend Knoblauch, Tomaten sowie Peperoni zugeben und alles ca. 2 Minuten weiterbraten.

4
Die Tagliolini mit 1 EL Salz in das kochende Wasser geben und ca. 2 Minuten bissfest garen.

CHORIZO IST EINE WÜRZIGE ROHWURST VOM SCHWEIN, DIE IN SPANIEN UND PORTUGAL BEHEIMATET IST.

Die scharfe Chorizo schafft es, ordentlich Würze und Schwung in das italienische Familienfest zu bringen. Die filigranen Tagliolini rossi und der herzhafte Pecorino halten das für eine willkommene Abwechslung und nehmen den feuerroten Neuankömmling gerne in ihren Kreis auf. Wenn auch noch die kleinen gelben Cocktailtomaten ihren Weg ins Getümmel finden, ist die Partygemeinde komplett und ein ausgelassenes Aromenfest kann beginnen. Langweilig wird es bei diesen köstlichen Gästen garantiert nicht!

FARFALLE MIT BASILIKUM-CASHEW-PISTOU

und gegrillter Aubergine

Veganes Vergnügen: Freche Farfalle mit köstlich-nussigem Basilikum-Cashew-Pistou und gegrillter Aubergine verführen uns völlig fleischlos. Ein Pasta-Traum wird wahr!

⏱ Zubereitungszeit: 20 Minuten

Für Schmetterlinge im Bauch

FÜR 2 PERSONEN

250 G FARFALLE
1 AUBERGINE
1 BUND BASILIKUM
1 KNOBLAUCHZEHE
20 G CASHEWKERNE
9 EL OLIVENÖL
SALZ & PFEFFER

1
Wasser für die Farfalle aufkochen, Ofen auf 200 °C Ober-/Unterhitze vorheizen. Aubergine vom Strunk befreien, in ca. 0,5 cm dicke Scheiben schneiden. Cashewkerne ohne Öl bei mittlerer Temperatur ca. 2 Minuten goldbraun rösten.

2
Die Auberginenscheiben auf ein mit Backpapier belegtes Blech legen, mit 4 EL Öl bestreichen und mit ½ TL Salz würzen. Anschließend im vorgeheizten Ofen auf der oberen Schiene ca. 15 Minuten goldbraun grillen.

5
Die Farfalle abgießen und im Topf mit dem Basilikum-Cashew-Pistou vermengen. Die gegrillte Aubergine aus dem Ofen nehmen.

6
Die Farfalle mit Basilikum-Cashew-Pistou in tiefen Tellern anrichten und mit Auberginenscheiben belegen. Mit Basilikumspitzen und den übrigen Cashewkernen dekorieren.

3
Die Farfalle mit 1 EL Salz in das kochende Wasser geben und ca. 9 Minuten bissfest garen. Den Knoblauch schälen und fein hacken. Die Basilikumspitzen für die Dekoration beiseitelegen, die übrigen Blätter von den Stielen zupfen.

4
Die Cashewkerne grob hacken. Basilikum, die Hälfte der Cashewkerne sowie den Knoblauch mit 5 EL Öl in einem hohen Gefäß mit einem Stabmixer fein pürieren. Mit ¼ TL Salz und nach Geschmack mit Pfeffer würzen.

»PISTOU« BEZEICHNET EINE KALTE SAUCE DER PROVENZALISCHEN KÜCHE, DIE MEIST AUS BASILIKUM HERGESTELLT WIRD.

Traditionell wird Pistou zum Verfeinern von »soupe au pistou«, einer südfranzösischen Gemüsesuppe verwendet. Die aromatische Sauce macht sich aber auch hervorragend als Beilage zu Gegrilltem, als Dip oder als Pasta-Sauce. Unsere Farfalle glucksen vor Freude, wenn sie das erste Mal auf die nussige Basilikum-Cashew-Paste treffen. Wenn sich dann noch die gegrillte Aubergine dazugesellt, können sie ihr Glück überhaupt nicht mehr fassen. Damit schaffen sie es garantiert, nicht nur Veganern den Kopf zu verdrehen!

FÜR 2 PERSONEN

400 G GNOCCHI
4 COCKTAILTOMATEN
1 SCHALOTTE
1 KNOBLAUCHZEHE
1 BUND BASILIKUM
200 G SAHNE
25 G PARMESAN
15 G PINIENKERNE
1 EL OLIVENÖL
SALZ & PFEFFER

GNOCCHI IN BASILIKUMCREME

mit Cocktailtomaten und Pinienkernen

Ein mediterranes Miteinander: Genussvolle Gnocchi tauchen ein in eine feine Basilikumcreme. Cocktailtomaten und geröstete Pinienkerne präsentieren sich als köstliche Begleiter.

🕐 Zubereitungszeit: 15 Minuten

Cremige Klößchen

1
Wasser für die Gnocchi in einem Topf zum Kochen bringen. Die Pinienkerne in einer Pfanne ohne Öl bei mittlerer Temperatur 2 Minuten rundum goldbraun anrösten. Anschließend aus der Pfanne nehmen und abkühlen lassen.

2
Die Schalotte schälen und fein würfeln sowie den Knoblauch schälen und grob hacken. Den Parmesan fein reiben.

3
Die Cocktailtomaten vierteln. Einige Basilikumblätter für die Dekoration beiseitelegen, die übrigen Blätter von den Stielen zupfen und grob hacken.

7
Das Basilikumpesto in die Pfanne geben und alles gut vermengen. Die Cocktailtomaten zugeben und mit ½ TL Salz sowie nach Geschmack mit Pfeffer würzen.

8
Die gegarten Gnocchi abgießen, zur Sauce in der Pfanne geben, alles gut vermengen und 1 Minute köcheln lassen.

9
Die Gnocchi in Basilikumcreme mit Cocktailtomaten auf Tellern anrichten und mit dem übrigen Parmesan, den übrigen Pinienkernen sowie den Basilikumblättern dekorieren.

4
Basilikum, Knoblauch, zwei Drittel des Parmesans und die Hälfte der Pinienkerne in ein hohes Gefäß geben. Mit 5 EL Sahne vermengen und alles mit einem Stabmixer fein pürieren. Mit ¼ TL Salz würzen.

5
In der zuvor verwendeten Pfanne das Öl erhitzen und die Schalotte darin bei mittlerer Temperatur 2 Minuten anbraten. Die übrige Sahne zugeben und alles ca. 5 Minuten köcheln lassen.

6
Währenddessen die Gnocchi mit 1 EL Salz in das kochende Wasser geben und 2 Minuten kochen.

GERÖSTETE PINIENKERNE VEREDELN UNSERE GNOCCHI AUF EINE GANZ BESONDERS SCHMACKHAFTE ART UND WEISE.

Die kleinen, aber feinen Pinienkerne gehören zu den wahrlich kostbaren Zutaten in der Küche. Ganz nach dem Motto »Gut Ding will Weile haben« lassen sich die kleinen Samen drei Jahre Zeit, bis sie zur Ernte reif sind. Anschließend ist Schwindelfreiheit gefragt: Die Pflücker, sogenannte »Pineros«, müssen zur Ernte auf die Pinien hinaufklettern, um an die Zapfen mit dem delikaten Inhalt heranzukommen. Doch die Mühe lohnt sich. Ob zu einem herrlichen Pesto verarbeitet oder zur Veredlung geröstet – Pinienkerne begeistern uns auf ganzer Linie.

FÜR 2 PERSONEN

200 G CHILI-NUDELN
2 MÖHREN
1 BIO-LIMETTE
1 FRÜHLINGSZWIEBEL
1 BUND KORIANDER
1 KNOBLAUCHZEHE
1 DOSE WASSERKASTANIEN (CA. 140 G, VORGEGART)
2 EL SESAMÖL
2 EL SOJASAUCE
1 GETROCKNETE CHILI-SCHOTE
2 EL PFLANZENÖL
SALZ & ZUCKER

LIMETTEN-STIR-FRY

mit Chili-Nudeln und Wasserkastanien

Bühne frei für unser Stir-Fry: Knackiges Gemüse wird von köstlichen Wasserkastanien begleitet. Die feurigen Chili-Nudeln sorgen für den nötigen Pep.

🕐 Zubereitungszeit: 30 Minuten

Aus dem Reich der Mitte

1
Wasser für die Nudeln in einem Topf zum Kochen bringen. Die Limette heiß abwaschen, die Schale abreiben und den Saft auspressen. Die Wasserkastanien abgießen. Die Möhren schälen, quer sowie längs halbieren und in feine Streifen schneiden.

2
In einer Schale 2 TL Limettensaft, die Hälfte der Sojasauce sowie ½ TL Zucker zu einer Marinade vermengen. Die Korianderspitzen für die Dekoration beiseitelegen, den übrigen Koriander mit den Stielen grob hacken.

3
Die Wasserkastanien mit der Marinade vermengen. Die Frühlingszwiebel von Wurzel sowie oberstem Grün befreien und in grobe Ringe schneiden. Den Knoblauch schälen und fein würfeln.

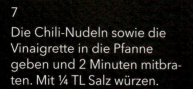

7
Die Chili-Nudeln sowie die Vinaigrette in die Pfanne geben und 2 Minuten mitbraten. Mit ¼ TL Salz würzen.

8
Die Pfanne vom Herd nehmen, den gehackten Koriander sowie das Sesamöl zugeben und alles gut vermengen.

9
Das Limetten-Stir-Fry mit Chili-Nudeln und Wasserkastanien in Schalen anrichten und mit Korianderspitzen dekorieren.

4
Nudeln mit 1 EL Salz ins kochende Wasser geben, Topf vom Herd nehmen und Nudeln 4 Minuten bedeckt ziehen lassen. Übrige Sojasauce, 1 EL Limettensaft, 1 TL Limettenschale, 2 EL Wasser sowie 1 TL Zucker zu einer Vinaigrette vermengen.

5
Die Chili-Nudeln abgießen, kalt abspülen und im Topf mit 1 EL Pflanzenöl vermengen.

6
In einer Pfanne 1 EL Öl erhitzen. Möhren und Wasserkastanien darin bei mittlerer Temperatur 4 Minuten anbraten. Chilischote fein zerbröseln, mit Frühlingszwiebel und Knoblauch zugeben, 1 Minute mitbraten. Mit ½ TL Salz würzen.

DAS STIR-FRYING HAT EBENSO WIE DIE WASSERKASTANIE DEN URSPRUNG IM REICH DER MITTE.

Bei der Wasserkastanie handelt es sich um die Samen einer chinesischen Schwimmpflanze. Trotz des ähnlichen Namens sind Esskastanie und Wasserkastanie jedoch nicht verwandt. Bei der Wasserkastanie ist allein die Form namensgebend. Die harte, braune Schale der Wasserkastanien enthält ein weißes, nussartiges Fleisch, mit einem leicht süßlichen Geschmack. Es eignet sich hervorragend zum Kochen, da es auch nach langer Garzeit sein besonderes Aroma nicht verliert. So präsentiert sich die Wasserkastanie als außergewöhnlich wohlschmeckende Gemüsebeilage.

BLITZ-LASAGNE

mit getrockneten Tomaten, Ricotta und Babyspinat

Schicht für Schicht: Als absoluter Pasta-Klassiker beglückt uns die Blitz-Lasagne mit einer Tomaten-Ricotta-Sauce, edlem Rotwein-Spinat und aromatischem Parmesanknusper.

🕐 Zubereitungszeit: 30 Minuten

SCHICHT FÜR SCHICHT

FÜR 2 PERSONEN

150 G LASAGNEBLÄTTER
300 G BABYSPINAT
1 ROTE ZWIEBEL
1 KNOBLAUCHZEHE
1 BUND THYMIAN
250 G RICOTTA
25 G PARMESAN
100 G GETROCKNETE
 TOMATEN IN ÖL
100 ML ROTWEIN
4 EL OLIVENÖL
SALZ, PFEFFER & ZUCKER

1
Ofen auf 180 °C Umluft bzw. 200 °C Ober-/Unterhitze vorheizen. Tomaten abtropfen lassen, Öl auffangen, und Tomaten grob hacken. Einige Thymianzweige beiseitelegen, die übrigen Blätter abzupfen. Den Parmesan fein reiben.

2
Wasser für die Lasagneblätter zum Kochen bringen und die Lasagneblätter quer halbieren. Knoblauch sowie rote Zwiebel schälen und fein hacken.

3
Den Parmesan dünn auf ein mit Backpapier belegtes Blech streuen und im vorgeheizten Ofen ca. 5 Minuten goldgelb backen. Anschließend aus dem Ofen nehmen und abkühlen lassen.

7
Währenddessen die Lasagneblätter mit 1 EL Salz in das kochende Wasser geben und ca. 2 Minuten bissfest garen. Anschließend abgießen und mit 2 EL Olivenöl beträufeln.

8
Den Babyspinat in die Pfanne geben, etwas zusammenfallen lassen und die Pfanne vom Herd nehmen. Den Parmesanknusper vorsichtig in Stücke brechen.

9
Die Lasagneblätter abwechselnd mit Tomaten-Ricotta-Sauce und Rotwein-Spinat schichten. Mit Parmesanknusper und Thymianzweigen dekorieren.

4
Währenddessen einen Topf mit 2 EL Tomatenöl erhitzen und getrocknete Tomaten, Zwiebel sowie Thymianblätter darin bei mittlerer Temperatur 2 Minuten anbraten.

5
Anschließend mit 250 ml Wasser ablöschen, den Ricotta zugeben, alles gut vermengen und bei mittlerer Temperatur 2 Minuten köcheln lassen. Mit 1 TL Salz sowie nach Geschmack mit Pfeffer würzen.

6
In einer Pfanne 2 EL Olivenöl erhitzen, den Knoblauch darin bei mittlerer Temperatur 1 Minute anbraten. Mit dem Rotwein ablöschen. Mit 1 TL Zucker, ¼ TL Salz sowie nach Geschmack mit Pfeffer würzen und 1 weitere Minute köcheln lassen.

DIE SCHNELLE PASTA ÜBERZEUGT UNS MIT IHRER VIELSCHICHTIGKEIT UND EINER KNUSPRIGEN DECKE AUS PARMESAN.

»Lasagne« ist nicht nur die Bezeichnung für besonders breite Bandnudeln, sondern auch für den aus Nudelplatten zubereiteten Auflauf. Ob in klassischer Tradition mit Hackfleisch und Tomatensauce oder, wie in diesem Rezept, als vegetarische Variante – der Fantasie sind bei diesem köstlichen Schichtwerk keine Grenzen gesetzt. Das erste Lasagnerezept soll übrigens aus England stammen und nicht, wie man vermuten würde, aus der Pasta-Nation Italien. Edler Rotwein-Spinat und würziger Parmesan sind die idealen Begleiter für dieses Gericht.

FÜR 2 PERSONEN

250 G FIOCCHETTI
1 BIO-ORANGE
1 KNOBLAUCHZEHE
1 BUND MINZE
1 ROTE BETE (VORGEGART UND GESCHÄLT)
60 G RICOTTA STAGIONATA
25 G WALNUSSKERNE
1 EL WEISSWEINESSIG
2 EL OLIVENÖL
SALZ & PFEFFER

FIOCCHETTI MIT ROTE-BETE-MINZ-PESTO

dazu Walnüsse und Ricotta stagionata

Ganz großes Küchenkino: Das farbenfrohe Rote-Bete-Minz-Pesto setzt unsere geliebten Fiocchetti gekonnt in Szene, knackige Walnüsse und Ricotta stagionata runden ihren Auftritt ab.

🕐 Zubereitungszeit: 20 Minuten

Großes Küchenkino

1

Wasser für die Fiocchetti in einem Topf zum Kochen bringen. Die Rote Bete vierteln, den Ricotta stagionata grob zerbröseln und die Walnusskerne in grobe Stücke brechen.

2

Die Orange auspressen, den Knoblauch schälen und fein hacken. Minzspitzen für die Dekoration beiseitelegen, die übrigen Blätter von den Stielen zupfen und fein hacken.

5

Rote Bete, Knoblauch, Minzblätter, je die Hälfte der Walnusskerne und des Ricotta stagionata, 4 EL Orangensaft, 3 EL Pasta-Wasser, Öl sowie Essig mit einem Stabmixer fein pürieren. Mit ¼ TL Salz und mit Pfeffer würzen.

6

Die Fiocchetti abgießen, in tiefe Teller geben und mit Rote-Bete-Minz-Pesto anrichten. Mit den übrigen Walnüssen, Ricotta stagionata sowie Minzspitzen garnieren.

3
Die Fiocchetti mit 1 EL Salz in das kochende Wasser geben und ca. 7 Minuten bissfest garen.

4
Währenddessen in einer kleinen Pfanne ohne Öl die Walnusskerne bei mittlerer Temperatur 2 Minuten goldbraun rösten. Mit ½ TL Salz würzen.

WER IN DER KALTEN JAHRESZEIT EINER ERKÄLTUNG VORBEUGEN WILL, SOLLTE BEHERZT ZUR ROTEN BETE GREIFEN.

Der Farbstoff der Roten Bete stärkt die Abwehr und hilft dabei, den Körper vor Infekten zu schützen. Die Knolle enthält zusätzlich wertvolle Stoffe wie Vitamin C oder Zink und wirkt sich positiv auf den Blutkreislauf aus – ein echtes Allround-Talent! Mit der aromatischen Minze geht sie in diesem Pesto eine spannende Liaison ein. In der Kombination mit unseren italienischen Fiocchetti, herzhaftem Ricotta stagionata und knackigen Walnusskernen kann sie auf ganzer Linie überzeugen und wird auch Ihr Herz im Sturm erobern!

GEBRATENE GNOCCHI MIT ZWEIERLEI TOMATEN

dazu Walnüsse und Salbei-Butter

Die Eintrittskarte ins Pasta-Land: Feinste Gnocchi in würzig-frischer Begleitung von frischen und getrockneten Tomaten werden von knackigen Walnusskernen und zarter Salbei-Butter umspielt.

⏱ Zubereitungszeit: 20 Minuten

Die Sinne klassisch verführen

FÜR 2 PERSONEN

400 G GNOCCHI
4 COCKTAILTOMATEN
50 G GETROCKNETE
  TOMATEN IN ÖL
1 BUND SALBEI
25 G WALNUSSKERNE
2 EL BUTTER
SALZ & PFEFFER

1

Wasser für die Gnocchi in einem Topf zum Kochen bringen. Die Salbeiblätter von den Stielen zupfen und in feine Streifen schneiden. Die Walnusskerne grob hacken.

2

Die Cocktailtomaten vierteln. Die getrockneten Tomaten abtropfen lassen, das Öl auffangen und beiseitestellen. Anschließend die getrockneten Tomaten in feine Streifen schneiden.

5

Die Gnocchi abgießen und das Pasta-Wasser auffangen. Die Gnocchi mit 4 EL Pasta-Wasser in die Pfanne geben und vorsichtig unterheben. Mit ½ TL Salz sowie nach Geschmack mit Pfeffer

6

Die Gnocchi mit zweierlei Tomaten, Walnusskernen und Salbei-Butter in tiefen Tellern anrichten.

3
Die Gnocchi mit 1 EL Salz in das kochende Wasser geben und 3 Minuten gar kochen. Die Gnocchi sind fertig, wenn sie an die Oberfläche steigen.

4
Die Butter sowie 2 EL Tomatenöl in einer Pfanne erhitzen und die Walnusskerne darin bei mittlerer Temperatur 2 Minuten anrösten. Getrocknete Tomaten, Cocktailtomaten sowie Salbei zugeben und weitere 2 Minuten braten.

ITALIENS NATIONALGERICHT IN KLASSISCHER VARIANTE MIT FRISCHEN UND GETROCKNETEN TOMATEN, WALNUSSKERNEN UND SALBEI-BUTTER.

Giacamo Casanova liebte sie: Die Sinnesverführung in Form von Gnocchi, die er sogar als Rezept in seinen Memoiren verewigte. Die zarten Kartoffelnocken wurden wahrscheinlich aus dem Nahen Osten nach Italien gebracht, wo sie so großen Anklang fanden, dass sie zu einem wahren Klassiker der italienischen Küche wurden. Die Salbei-Butter mit ihrer unvergleichlichen Note vereint sich dezent mit den Aromen der süßen Tomaten sowie der knackigen Walnusskernen.

SOBANUDELN IN ERDNUSSCURRY

mit Kokosmilch und Zuckerschoten

Pasta-Glück aus Fernost: Unsere Sobanudeln beglücken uns zusammen mit einem köstlichen roten Erdnusscurry. Zuckerschoten und Limettensaft sorgen für Frische auf dem Teller.

🕐 Zubereitungszeit: 20 Minuten

AUFREGENDES AUS JAPAN

FÜR 2 PERSONEN

225 G SOBANUDELN
12 ZUCKERSCHOTEN
1 BIO-LIMETTE
1 PEPERONI
1 BUND KORIANDER
1 KNOBLAUCHZEHE
1 DOSE KOKOSMILCH
 (400 ML)
25 G GERÖSTETE ERDNÜSSE
1 EL ROTE CURRYPASTE
1 EL ERDNUSSBUTTER
2 EL PFLANZENÖL
SALZ

1

Wasser für die Sobanudeln aufkochen. Peperoni von Stielansatz und Samen befreien, halbieren und in feine Streifen schneiden. Limette heiß abwaschen, Schale abreiben und Saft auspressen. Den Koriander mit Stielen grob hacken.

2

Die Erdnüsse grob hacken, den Knoblauch schälen und fein hacken. Die Zuckerschoten schräg halbieren.

5

Die Sobanudeln in die Erdnuss-Sauce geben und alles gut vermengen. Die Pfanne vom Herd nehmen und zwei Drittel des Korianders, 3 EL Limettensaft sowie 1 TL Limettenschale zugeben.

6

Die Sobanudeln mit roter Erdnuss-Curry-Sauce in Schalen anrichten und mit gehackten Erdnüssen sowie dem übrigen Koriander dekorieren.

3
In einer Pfanne das Öl erhitzen. Knoblauch und Currypaste bei mittlerer Temperatur 1 Minute anbraten. Mit Kokosmilch, Peperoni, Zuckerschoten, Erdnussbutter und 1 TL Salz bei hoher Temperatur 4 Minuten leicht cremig einkochen.

4
Währenddessen die Sobanudeln mit 2 TL Salz in das kochende Wasser geben und ca. 3 Minuten bissfest garen, anschließend abgießen.

JAPANISCHE SOBANUDELN SIND NICHT NUR GESUND, SONDERN AUCH EIN GENUSS FÜR FREUNDE DER ASIATISCHEN KÜCHE.

Der Begriff »Soba« kommt aus dem Japanischen und bedeutet übersetzt »Buchweizen«. Wegen seines hohen Gehalts an Eiweiß und Vitamin B gilt der Buchweizen als besonders gesunde Getreideart und bildet die Hauptzutat der Nudeln. Die Sobanudeln werden je nach Jahreszeit wahlweise warm oder kalt gegessen. Aufregend ist bei unserem Rezept das Zusammenspiel von Sobanudeln und rotem Erdnusscurry, das aus Kokosmilch, Peperoni und Erdnussbutter zubereitet wird. Zuckerschoten und Limettensaft runden das asiatische Treffen der kulinarischen Elite ab.

FÜR 2 PERSONEN

250 G SPAGHETTI
1 BIO-ZITRONE
1 KNOBLAUCHZEHE
1 BUND PETERSILIE
25 G PARMESAN
2 EL BUTTER
1 EI
1 BRÜHWÜRFEL
2 EL OLIVENÖL
SALZ, PFEFFER & ZUCKER

SPAGHETTI AL LIMONE

mit Parmesan und Petersilie

Mit edler Leichtigkeit: Umgarnt von leicht zitroniger Säure, mildem Parmesan und frischer Petersilie tänzeln diese Spaghetti auf direktem Wege in Ihr kulinarisches Herz.

Zubereitungszeit: 20 Minuten

Mit edler Leichtigkeit

1

Wasser für die Spaghetti aufkochen. Brühwürfel in 250 ml warmem Wasser auflösen. Zitrone heiß abwaschen, Schale abreiben, 2 Scheiben beiseitelegen und Saft auspressen. Knoblauch schälen und fein hacken, Parmesan fein reiben.

2

In einem kleinen Topf das Öl erhitzen, Knoblauch zugeben, bei niedriger Temperatur 1 Minute anbraten. Mit der Brühe ablöschen, mit 4 EL Zitronensaft bei mittlerer Temperatur ca. 8 Minuten etwa auf die Hälfte einkochen lassen.

5

Die Spaghetti abgießen und zurück in den Topf geben. Parmesan-Ei-Mischung, eingekochte Brühe sowie gehackte Petersilie zügig unterheben und alles gut vermengen. Nach Geschmack mit Pfeffer würzen.

6

Die Spaghetti al limone auf Tellern anrichten und mit Zitronenscheibe sowie Petersilienspitzen dekorieren.

3
Die Spaghetti mit 1 EL Salz in das kochende Wasser geben und ca. 8 Minuten bissfest garen. Einige Petersilienspitzen für die Dekoration beiseitelegen, die übrigen Blätter von den Stielen zupfen und fein hacken.

4
In einer Schale den Parmesan mit dem Ei vermengen. Die eingekochte Brühe vom Herd nehmen und 1 TL Zitronenschale, 1 TL Zucker sowie die Butter zugeben.

ZWEI ITALIENISCHE HIGHLIGHTS VEREINT – ZITRONE UND SPAGHETTI TREFFEN AUFEINANDER UND SORGEN FÜR URLAUBSGEFÜHLE.

Sommerlich-leicht wünschen wir uns in der warmen Jahreszeit unsere italienische Pasta. Da kommt die spritzige Zitrone wie gerufen! Gemeinsam mit der frischen Petersilie bildet das gelbe Früchtchen nicht nur geschmacklich ein unschlagbares Team – ihre Inhaltsstoffe ergänzen sich auch für Ihre Gesundheit optimal und versorgen Sie mit allerhand Vitaminen und Mineralstoffen. Traditionell ist die Kombination aus Zitrone und Petersilie gar ein richtiges »Soul Food«, das sich reinigend auf Körper und Seele auswirken soll!

GEBRATENE GNOCCHI IN ORANGENSUD

mit Babymangold und Avocado

Gebratenes Glück: Knusprige Gnocchi legen sich neben zartem Babymangold und Avocadospalten nieder und machen es sich in einem feurigen Orangen-Chili-Sud bequem.

Zubereitungszeit: 20 Minuten

Gebratenes Glück

FÜR 2 PERSONEN

400 G GNOCCHI
50 G BABYMANGOLD
2 BIO-ORANGEN
1 AVOCADO
1 PEPERONI
1 KNOBLAUCHZEHE
10 G BLAUMOHN
5 EL OLIVENÖL
SALZ & ZUCKER

1

Eine Pfanne ohne Öl erhitzen und den Mohn darin bei mittlerer Temperatur ca. 3 Minuten anrösten, dabei gelegentlich umrühren. Anschließend aus der Pfanne nehmen und abkühlen lassen. Orangen abwaschen, Schale abreiben und Saft auspressen.

2

Peperoni von Stielansatz und Samen befreien, fein würfeln. Knoblauch schälen und fein hacken. Avocado vom Kern befreien, Fruchtfleisch in ca. 0,5 cm breite Spalten schneiden.

5

Zwei Drittel des Orangensuds, den gerösteten Mohn sowie den Babymangold in die Pfanne geben, alles gut vermengen und die Pfanne vom Herd nehmen.

6

Die gebratenen Gnocchi mit Babymangold auf tiefen Tellern anrichten. Mit Avocadospalten und dem übrigen Orangen-Chili-Sud garnieren.

3

In einem Topf den Orangensaft mit 2 EL Öl, 1 TL Zucker sowie ¼ TL Salz bei mittlerer bis hoher Temperatur ca. 4 Minuten leicht sirupartig einkochen lassen.

4

In der zuvor verwendeten Pfanne 3 EL Öl erhitzen und die Gnocchi darin bei mittlerer Temperatur ca. 5 Minuten rundum knusprig anbraten, dabei häufig wenden. Peperoni und Knoblauch zugeben, alles ca. 4 Minuten weiterbraten und mit ½ TL Salz würzen.

MANGOLD SIEHT SPINAT TÄUSCHEND ÄHNLICH. BOTANISCH GESEHEN ZÄHLT DAS BLATTGEMÜSE ALLERDINGS ZU DEN RÜBEN.

Mangold ist damit ein Verwandter der Roten Bete und der Zuckerrübe. Unser Babymangold scheint sich in Begleitung der knusprig gebratenen Gnocchi sichtlich wohlzufühlen und versammelt deswegen weitere Bekannte um sich: Cremige Avocado nimmt neben ihnen auf den Tellern Platz und blauer Mohn rieselt wie Konfetti über die Festgesellschaft. Abgerundet wird das Spektakel durch einen fruchtig-scharfen Orangen-Chili-Sud, der die geschmackvolle Party erst richtig in Schwung bringt. Selten war ein Fest so lecker!

FÜR 2 PERSONEN

250 G TAGLIATELLE
150 G RINDERFILETSPITZEN
1 SCHALOTTE
1 KNOBLAUCHZEHE
1 BUND THYMIAN
40 G FRISCHKÄSE
50 G GETROCKNETE TOMATEN IN ÖL
15 G GETROCKNETE STEINPILZE
2 EL OLIVENÖL
SALZ & PFEFFER

TAGLIATELLE ALL'EMILIANA

mit Rinderfiletspitzen und Steinpilzen

Seelenfutter vom Feinsten: Italienische Bandnudeln mit edlen Steinpilzen, zartem Rinderfilet und dem intensiven Geschmack getrockneter Tomaten lassen Pasta-Herzen höher schlagen.

Zubereitungszeit: 30 Minuten

Erfreut das Pastaherz

1

Wasser für die Tagliatelle in einem Topf zum Kochen bringen. Die Steinpilze putzen und in 200 ml heißem Wasser einweichen. Einige Thymianzweige für die Dekoration beiseitelegen, die übrigen Blätter von den Stielen abzupfen.

2

Die getrockneten Tomaten abtropfen lassen, das Öl auffangen und die Tomaten grob hacken. Schalotte sowie Knoblauch schälen und fein hacken.

3

Die Rinderfiletspitzen kalt abspülen und trocken tupfen. In ca. 0,3 cm feine Streifen schneiden, mit ½ TL Salz sowie nach Geschmack mit Pfeffer würzen. Steinpilze in kleine Stücke schneiden, das Einweichwasser aufbewahren.

7

Anschließend mit Pilzwasser ablöschen, den Frischkäse zugeben und alles bei mittlerer Temperatur 5 Minuten köcheln lassen. Mit ¼ TL Salz sowie nach Geschmack mit Pfeffer würzen.

8

Die Tagliatelle abgießen und mit den Rinderfiletspitzen in die Pfanne geben, alles gut vermengen.

9

Die Tagliatelle in Steinpilzsauce mit Rinderfiletspitzen und getrockneten Tomaten auf Tellern anrichten und mit Thymianzweigen dekorieren.

4
In einer Pfanne das Öl stark erhitzen und die Rinderfiletspitzen darin bei hoher Temperatur 1 Minute scharf anbraten. Anschließend aus der Pfanne nehmen.

5
Die Tagliatelle mit 1 EL Salz in das kochende Wasser geben und ca. 5 Minuten bissfest kochen.

6
Währenddessen in der zuvor verwendeten Pfanne 1 EL Tomatenöl erhitzen. Schalotte, Knoblauch, Steinpilze, getrocknete Tomaten sowie Thymianblätter darin bei mittlerer Temperatur 1 Minute anbraten.

WER DIE UNTER SCHUTZ STEHENDEN STEINPILZE SAMMELN WILL, BRAUCHT VIEL GEDULD UND EIN GUTES AUGE.

Während der kalten Jahreszeit ist der Steinpilz ein mehr als gern gesehener Gast in jeder Küche. Sein festes Fleisch macht ihn zu einem der beliebtesten heimischen Pilzarten. Echte Kenner und Feinschmecker kommen bei diesem Rezept deshalb voll und ganz auf ihre Kosten: Die köstlich-cremige Steinpilzsauce macht unsere Tagliatelle einfach unwiderstehlich. Und als wäre das nicht schon genug, setzen zarte Rinderfiletspitzen und mediterrane getrocknete Tomaten diesem delikaten Gericht noch eine Krone auf.

FÜR 2 PERSONEN

250 G PAPPARDELLE
1 STRAUCHTOMATE
1 BUND OREGANO
1 KNOBLAUCHZEHE
25 G PECORINO
2 SALSICCE
1 DOSE PASSIERTE TOMATEN (235 G)
1 GETROCKNETE CHILI-SCHOTE
2 EL OLIVENÖL
SALZ, PFEFFER & ZUCKER

PAPPARDELLE ALL'ARRABBIATA

mit Pecorino-Salsiccia-Bällchen

Die Leidenschaft Italiens: Zu unserer würzigen Pappardelle all'arrabbiata gesellen sich Pecorino-Salsiccia-Bällchen, die unsere Pasta auf eine herrlich-herzhafte Art verfeinern.

Zubereitungszeit: 25 Minuten

Pasta-Leidenschaft

1
Wasser für die Pappardelle zum Kochen bringen. Die Salsicce längs aufschneiden, von der Haut befreien und die Wurstmasse in einer Schale mit einer Gabel fein zerdrücken. Den Pecorino fein reiben.

2
Tomate von Stielansatz und Samen befreien, in ca. 1 cm große Würfel schneiden. Knoblauch schälen und fein würfeln. Oreganospitzen für die Dekoration beiseitelegen, die übrigen Blätter von den Stielen zupfen und fein hacken.

3
Die Salsicce mit der Hälfte des Pecorinos vermengen und zu walnussgroßen Bällchen formen.

7
Währenddessen 50 ml Wasser, die passierten Tomaten sowie den gehackten Oregano in die Pfanne geben und alles gut vermengen. Die Pecorino-Salsiccia-Bällchen zugeben und alles bei mittlerer Temperatur 5 Minuten köcheln lassen.

8
Die Tomaten-Chili-Sauce mit 1 TL Zucker, ½ TL Salz sowie nach Geschmack mit Pfeffer würzen. Die Pappardelle abgießen, zur Sauce geben und alles gut vermengen.

9
Pappardelle all'arrabbiata mit Pecorino-Salsiccia-Bällchen auf Tellern anrichten. Die Pasta mit dem übrigen Pecorino und den Oreganospitzen dekorieren.

4
In einer Pfanne das Öl erhitzen und die Pecorino-Salsiccia-Bällchen darin bei mittlerer Temperatur 5 Minuten rundum anbraten. Anschließend aus der Pfanne nehmen.

5
Die Pappardelle mit 1 EL Salz in das kochende Wasser geben und ca. 6 Minuten bissfest kochen.

6
In der zuvor verwendeten Pfanne den Knoblauch ½ Minute anbraten. Die Tomatenwürfel sowie die zerbröselte Chilischote zugeben und ½ Minute mitbraten.

DAS TRADITIONELLE NUDELGERICHT ÜBERZEUGT MIT DEM FEURIGEN TEMPERAMENT DER ITALIENISCHEN MITTELMEERKÜSTE.

»Penne all'arrabbiata« kommt aus dem Italienischen und bedeutet übersetzt etwa »Nudeln auf zornige/leidenschaftliche Art«. Traditionell stammt das Gericht aus dem Latium, einer sonnigen Region, zu der auch Rom gehört. Im Vergleich zur klassischen Tomatensauce begeistert dieses Gericht durch eine kraftvolle Schärfe. Als besondere Highlights präsentieren sich unsere Pecorino-Salsiccia-Bällchen. Pecorino ist ein würziger Käse, der zusammen mit der pikanten Salsiccia ein äußerst genussvolles Duett bildet.

Fleisch

ETWAS BESONDERES ZWISCHENDURCH

Den Sonntagsbraten mal unter der Woche genießen? Logo! Allerdings möchten wir bitte mehr Zeit am Tisch verbringen als hinter dem Herd. Dieser Wunsch soll sich mit den folgenden Rezeptideen erfüllen. Ausgewählte Fleischgerichte aus allerlei Landesküchen zeigen, dass ein perfekter Sonntagsteller auch mal fix unter der Woche funktionieren kann. Besondere Anlässe gibt es eben nicht nur am Wochenende!

TERIYAKI-PUTENBRUST

auf Glasnudelsalat mit Sesam

Küchengrüße aus Japan: Unser köstlicher Glasnudelsalat trifft auf eine aromatische Teriyaki-Putenbrust. Koriander und Sesam runden das Rezept genussvoll ab.

⏱ Zubereitungszeit: 30 Minuten

Glanzstück auf gläserner Nudel

FÜR 2 PERSONEN

2 PUTENBRUSTFILETS
2 MINI-PAK-CHOI
1 BIO-LIMETTE
4 SHIITAKEPILZE
1 PEPERONI
1 BUND KORIANDER
1 KNOBLAUCHZEHE
100 G GLASNUDELN
1 EL HONIG
2 EL SOJASAUCE
5 G SCHWARZER SESAM
7 EL PFLANZENÖL
SALZ & ZUCKER

1
Den Pak Choi in ca. 2 cm breite Streifen schneiden. Shiitakepilze putzen, in ca. 0,3 cm dünne Scheiben schneiden. Peperoni von Stielansatz und Samen befreien, in feine Ringe schneiden. Knoblauch schälen, fein hacken.

2
Wasser für die Glasnudeln aufkochen. Putenbrust abspülen, trocken tupfen und rundum mit je ½ TL Salz würzen. Limette heiß abwaschen, Schale abreiben, Saft auspressen. Korianderblätter abzupfen, Stiele fein hacken.

3
Die Glasnudeln mit 1 EL Salz in das kochende Wasser geben, den Topf vom Herd nehmen und die Nudeln 4 Minuten bedeckt ziehen lassen. Anschließend abgießen und gründlich kalt abspülen.

7
In einer weiteren Pfanne 2 EL Öl erhitzen und die Shiitakepilze darin bei hoher Temperatur 1 Minute anbraten. Pak Choi, den übrigen Knoblauch sowie die Peperoni zugeben und 1 Minute mitbraten. Mit ½ TL Salz würzen.

8
Glasnudeln sowie Marinade in die Pfanne geben und mit dem Gemüse vermengen. Anschließend die Pfanne vom Herd nehmen. Die Putenbrustfilets schräg in 1 cm breite Streifen schneiden.

9
Den Glasnudelsalat auf Teller geben und die Teriyaki-Putenbrust darauf anrichten. Mit Sesam sowie Korianderblättern dekorieren.

4
In einer Pfanne 3 EL Öl erhitzen und die Putenbrustfilets darin bei hoher Temperatur auf jeder Seite 2 Minuten scharf anbraten. In einer Schale Honig, Sojasauce sowie die Hälfte des Knoblauchs gut vermengen.

5
In einer weiteren Schale die Korianderstiele mit 2 EL Öl, 2 EL Limettensaft, 1 TL Limettenschale, 2 TL Zucker sowie ½ TL Salz zu einer Marinade vermengen.

6
Gebratene Putenbrust in der Pfanne mit der Honig-Sojasaucen-Mischung ablöschen, die Temperatur reduzieren. Alles bei mittlerer Temperatur ca. 3 Minuten einkochen. Fleisch aus der Pfanne nehmen und 3 Minuten ruhen lassen.

ASIATISCHE AROMEN FÜHREN UNS IN DEN FERNEN OSTEN UND NEHMEN UNS MIT IN EINE ANDERE KULINARISCHE WELT.

Teriyaki ist eine traditionelle Zubereitungsart der japanischen Küche. Das Wort »Teriyaki« setzt sich zusammen aus »teri« (Glanz) und »yaki« (braten). Sojasauce und Honig dienen als Grundlage für die Sauce, die unserer zarten Putenbrust einen würzig-süßen Geschmack verleiht. Ein weiterer japanischer Klassiker ist die besonders milde Kohlart Pak Choi. Zusammen mit köstlichen Shiitakepilzen und Limettensaft entsteht ein herrlich frischer Glasnudelsalat, der uns mit seinen asiatischen Aromen verzaubert.

FÜR 2 PERSONEN

- 2 HÄHNCHENBRUST-FILETS
- 3 KARTOFFELN
- 20 GRÜNE BOHNEN
- 1 SCHALOTTE
- 1 FRÜHLINGSZWIEBEL
- 1 KNOBLAUCHZEHE
- 1 BUND PETERSILIE
- 25 G CHEDDAR
- 2 EL BUTTER
- 1 EL HONIG
- 1 EL POMMERY-SENF
- 2 EL WEISSWEINESSIG
- 4 EL OLIVENÖL
- 2 EL MILCH
- SALZ, PFEFFER & ZUCKER

HONIG-SENF-HÄHNCHEN

mit Cheddar-Kartoffelstampf und grünem Bohnensalat

Köstliche Küchenkunst: Himmlisches Honig-Senf-Hähnchen trifft auf cremigen Cheddar-Kartoffelstampf und bezaubernden Bohnensalat – einfach ein Gedicht!

Zubereitungszeit: 30 Minuten

Himmel hoch Hähnchen

1
Ofen auf 180 °C Umluft bzw. 200 °C Ober-/Unterhitze vorheizen. Kartoffeln schälen und in ca. 2 cm große Würfel schneiden. Frühlingszwiebel von Wurzel sowie oberstem Grün befreien und in feine Ringe schneiden. Cheddar grob reiben.

2
Kartoffeln mit 1 TL Salz in einem Topf mit warmem Wasser bedecken, aufkochen und bei mittlerer Temperatur ca. 15 Minuten weich kochen. Das Fleisch abspülen, trocken tupfen und rundum mit je ¼ TL Salz sowie mit Pfeffer würzen.

3
Wasser für die Bohnen aufkochen, Bohnen von den Enden befreien. Schalotte sowie Knoblauch schälen und fein würfeln. Einige Petersilienspitzen beiseitelegen, die übrigen Blätter von den Stielen zupfen und grob hacken.

7
Kartoffeln abgießen, Butter sowie Milch zugeben und mit einer Gabel grob zerdrücken. Geriebenen Cheddar sowie zwei Drittel der Frühlingszwiebel unterheben. Mit ½ TL Salz sowie nach Geschmack mit Pfeffer würzen.

8
Hähnchenbrustfilets aus dem Ofen nehmen und schräg in ca. 1 cm breite Scheiben schneiden. Bohnen, Schalotte und gehackte Petersilie mit der Vinaigrette vermengen.

9
Den Cheddar-Kartoffelstampf mit Honig-Senf-Hähnchen und Bohnensalat auf flachen Tellern anrichten. Mit den Petersilienspitzen und der übrigen Frühlingszwiebel dekorieren.

4
In einer Pfanne 1 EL Öl erhitzen. Hähnchenbrust bei hoher Temperatur auf jeder Seite 1 Minute scharf anbraten, aus der Pfanne nehmen. 1 EL Öl, Senf, Honig und Knoblauch vermengen. Mit ½ TL Salz und Pfeffer würzen.

5
Die Hähnchenbrustfilets auf ein mit Backpapier belegtes Blech geben, mit der Honig-Senf-Mischung bestreichen und im vorgeheizten Ofen auf der mittleren Schiene ca. 8 Minuten goldbraun backen.

6
Bohnen mit 1 TL Salz in das kochende Wasser geben, 4 Minuten bissfest blanchieren. Abgießen und kalt abspülen. In einer Schale 2 EL Öl, Essig, 1 TL Zucker sowie ¼ TL Salz vermengen. Nach Geschmack mit Pfeffer würzen.

CHEDDAR IST DER NATIONALKÄSE ENGLANDS UND REIFTE DORT SCHON IM 13. JAHRHUNDERT IN HÖHLEN.

Der ursprünglich aus dem Südwesten Englands stammende traditionsreiche Käse gehört zu den weltweit am häufigsten gekauften Käsesorten. In diesem Rezept verleiht er unserem Kartoffelstampf eine besonders cremige Note und gibt ihm einen vollmundig-würzigen Geschmack. Zusammen mit einem gesunden Bohnensalat wird er zur perfekten Begleitung unseres Hähnchens, das mit seiner süß-pikanten Note die Sinne betört. Genießen Sie einen Auftritt der ganz besonderen Art – Bühne frei für dieses grandiose Geschmackstrio!

FÜR 2 PERSONEN

- 2 HÄHNCHENBRUSTFILETS
- 2 STRAUCHTOMATEN
- 1 BIO-ZITRONE
- 1 ZWIEBEL
- 2 KNOBLAUCHZEHEN
- 1 BUND KORIANDER
- 200 G SAHNE
- 150 G JOGHURT
- 150 G BASMATIREIS
- 1 BRÜHWÜRFEL
- 5 G GARAM MASALA
- 1 GETROCKNETE CHILI-SCHOTE
- 1 EL PFLANZENÖL
- SALZ & PFEFFER

INDISCHES TIKKA MASALA
mit Zitronen-Hähnchen und Basmatireis

Konzert exotischer Aromen: Intensives Garam Masala vereint sich mit cremiger Joghurtsauce, spritziger Zitrone und zartem Hähnchen.

🕐 Zubereitungszeit: 30 Minuten

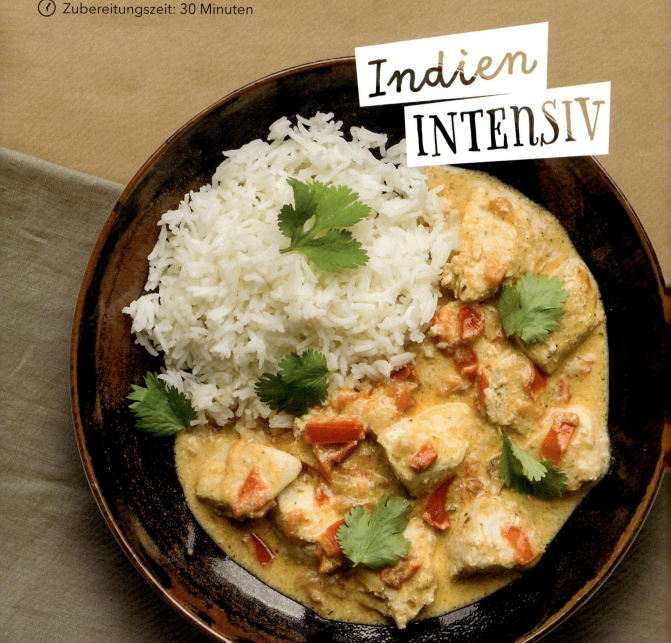

Indien Intensiv

1
Ofen auf 200 °C Umluft bzw. 220 °C Ober-/Unterhitze vorheizen. Knoblauch schälen, fein hacken. Zitrone waschen, Schale abreiben, Saft auspressen. Hähnchenbrust abspülen, trocken tupfen und in ca. 2 cm große Würfel schneiden.

2
In einer Schüssel Hähnchenwürfel mit Joghurt, der Hälfte des Knoblauchs, der Hälfte des Garam Masala, 2 EL Zitronensaft, 1 TL Zitronenschale sowie ½ TL Salz vermengen und bis zur weiteren Verwendung marinieren.

3
Die Tomaten von Stielansatz und Samen befreien, in ca. 1 cm große Würfel schneiden. Die Zwiebel schälen und sehr fein hacken. Die Korianderspitzen beiseitelegen, die Blätter von den Stielen zupfen und die Stiele fein hacken.

7
Sahne sowie Brühwürfel zu den Tomaten in den Topf geben, alles kurz aufkochen und bei geringer bis mittlerer Temperatur 10 Minuten köcheln lassen.

8
Das marinierte Hähnchen aus dem Ofen nehmen und ebenfalls in den Topf geben.

9
Den Reis in tiefe Teller füllen, das Tikka Masala darauf anrichten und mit Korianderspitzen dekorieren.

4
Währenddessen die marinierten Hähnchenwürfel auf ein mit Backpapier belegtes Blech geben und im vorgeheizten Ofen auf der mittleren Schiene ca. 15 Minuten garen.

5
In einem Topf das Öl erhitzen. Zwiebel, übrigen Knoblauch, zerbröselte Chili und Korianderstiele bei hoher Temperatur ca. 1 Minute anbraten. Tomaten und übriges Garam Masala zugeben, bei mittlerer Temperatur 5 Minuten mitbraten.

6
Den Basmatireis mit 250 ml Wasser sowie ¼ TL Salz in einem Topf zum Kochen bringen. Bei niedriger Temperatur bedeckt ca. 12 Minuten köcheln, bis das Wasser verkocht und der Reis gar ist.

TIKKA MASALA IST EINE BRITISCH-INDISCHE ERFINDUNG UND GILT IN GROSSBRITANNIEN ALS EINES DER BELIEBTESTEN GERICHTE!

Inzwischen soll Tikka Masala sogar Fish and Chips als meistverzehrtes Essen in Großbritannien überholt haben. Inspiriert von der indischen Küche und von indischen Aromen, wurde Tikka Masala von Engländern kreiert – mit seiner charakteristischen würzigen Joghurtsauce, dem zarten Hähnchen und intensivem Garam Masala verzückt es jedes Genießerherz. In unserer Version gesellt sich spritzige Zitrone hinzu und so erhält man ein wunderbares Gericht: leicht scharf und cremig, rauchig und fruchtig, aromatisch und saftig.

JAMAIKANISCHES JERK-CHICKEN

mit karibischem Kokosreis und Mango-Koriander-Salsa

Karibische Küchenklänge: Unser jamaikanisches Jerk-Chicken mischt Ihre Geschmacksknospen mit spannender Würze auf – sanfter Kokosreis und fruchtige Salsa machen das Erlebnis perfekt.

Zubereitungszeit: 30 Minuten

FÜR 2 PERSONEN

- 2 HÄHNCHENBRUSTFILETS
- 1 BIO-LIMETTE
- 1 SCHALOTTE
- 1 BUND KORIANDER
- 1 DOSE KOKOSMILCH (400 ML)
- 150 G BASMATIREIS
- 30 G GETROCKNETE MANGO
- 20 G KOKOSRASPEL
- 5 G JERK-GEWÜRZ-MISCHUNG
- 3 EL PFLANZENÖL
- SALZ & PFEFFER

1

Ofen auf 170 °C Umluft bzw. 190 °C Ober-/Unterhitze vorheizen. Hähnchen abspülen, trocken tupfen, mit Jerk-Gewürz und je ¼ TL Salz einreiben. Schalotte schälen, fein hacken. Mango in feine Streifen schneiden, einweichen.

2

In einem Topf 1 EL Öl erhitzen, Reis und Schalotte bei mittlerer Temperatur 1 Minute anbraten. Mit Kokosmilch ablöschen, aufkochen, mit ½ TL Salz würzen. Bei niedriger Temperatur 25 Minuten köcheln. Saft der Limette auspressen.

5

Zwei Drittel der Kokosraspel mit dem Kokosreis vermengen. Hähnchenbrust aus dem Ofen nehmen, 2 Minuten ruhen lassen und anschließend mit zwei Gabeln in grobe Stücke zupfen.

6

Kokosreis auf Teller geben und mit den übrigen Kokosraspeln dekorieren. Jerk-Chicken sowie Mango-Koriander-Salsa dazu anrichten und mit Korianderspitzen garnieren.

3
In einer Pfanne 1 EL Öl erhitzen. Fleisch auf jeder Seite 1 Minute scharf anbraten. Auf mit Backpapier belegtem Blech auf mittlerer Schiene 10 Minuten garen. Korianderspitzen beiseitelegen, übrigen Koriander mit Stielen hacken.

4
Eine Pfanne ohne Öl stark erhitzen, Kokosraspel bei mittlerer Temperatur ca. 1 Minute goldbraun rösten. Mango aus dem Wasser nehmen, mit Koriander, 3 EL Limettensaft und 1 TL Öl vermengen. Mit ¼ TL Salz sowie Pfeffer würzen.

DAS AUFREGEND MARINIERTE HÄHNCHEN BRINGT UNS MIT DEM DUFT DER KARIBIK ZUM KULINARISCHEN SCHWÄRMEN.

Die typisch jamaikanische Räucherspezialität »Jerk« steht für feurig-scharfe Gewürzmischungen, mit denen meist Schweine- oder Hähnchenfleisch eingerieben und genossen wird. Vor allem Chili und Piment bilden wichtige Grundlagen für eine klassische Jerk-Gewürzmischung. Auf Jamaika wird Jerk-Fleisch heute üblicherweise in einer speziellen stählernen Jerk-Pfanne über dem Holzkohlenfeuer zubereitet. Aber keine Sorge – Ihr erstes Jerk-Erlebnis gelingt mit uns auch bei Ihnen zu Hause einfach feurig-perfekt!

FÜR 2 PERSONEN

2 ENTENBRUSTFILETS
200 G REISBANDNUDELN
1 SCHALOTTE
1 BIO-LIMETTE
2 APRIKOSEN
1 PEPERONI
25 G FRISCHE INGWER-
  WURZEL
1 KNOBLAUCHZEHE
1 BUND KORIANDER
25 G ERDNÜSSE
4 EL SOJASAUCE
2 EL PFLANZENÖL
SALZ, PFEFFER & ZUCKER

KROSSE ENTENBRUST

mit Reisbandnudeln und Aprikosen-Erdnuss-Chutney

Fernöstliche Verzauberung: Zarte Entenbrust bettet sich auf filigrane Reisnudeln und blühend-fruchtiges Chutney – ein Geschmackserlebnis für kulinarische Träumer.

Zubereitungszeit: 30 Minuten

Eine Schüssel voll mmh!

1
Ofen auf 180 °C Umluft bzw. 200 °C Ober-/Unterhitze vorheizen. Knoblauch sowie Schalotte schälen und fein hacken. Peperoni vom Stielansatz befreien, halbieren und mit den Samen fein hacken. Ingwer schälen und fein reiben.

2
Aprikosen halbieren, vom Kern befreien, in feine Würfel schneiden. Erdnüsse grob hacken. Limette heiß abwaschen, Schale abreiben, Saft auspressen. Einige Korianderspitzen beiseitelegen, übrige Blätter mit Stielen fein hacken.

3
Aprikosen, Schalotte, Erdnüsse, Peperoni, Koriander, 2 TL Limettenschale sowie Ingwer in einer Schüssel mit 3 EL Limettensaft, Sojasauce sowie Öl vermengen. Mit 1½ EL Zucker sowie ½ TL Salz würzen und ziehen lassen.

7
Reisbandnudeln mit 1 EL Salz in das kochende Wasser geben, den Topf vom Herd nehmen und die Nudeln bedeckt 3 Minuten ziehen lassen. Anschließend abgießen.

8
Pfanne erneut erhitzen, Nudeln bei mittlerer Temperatur 2 Minuten braten. Pfanne vom Herd nehmen, Hälfte des Chutneys zugeben. Ente aus dem Ofen nehmen, 3 Minuten abgedeckt ruhen lassen. In ca. 0,5 cm dicke Scheiben schneiden.

9
Reisbandnudeln mittig auf Teller geben, Entenbrustscheiben darauf anrichten und mit Korianderspitzen sowie dem übrigen Chutney garnieren.

4

Wasser für die Nudeln zum Kochen bringen. Entenbrust abspülen, trocken tupfen und die Haut rautenförmig einritzen, ohne in das Fleisch zu schneiden. Rundum mit je ¼ TL Salz sowie nach Geschmack mit Pfeffer würzen.

5

Entenbrust auf der Hautseite in eine ofenfeste kalte Pfanne geben, stark erhitzen. Fleisch ohne Wenden bei hoher Temperatur ca. 4 Minuten goldbraun anbraten. Pfanne vom Herd nehmen, Knoblauch zugeben, das Fleisch darin wenden.

6

Entenbrustfilets mit der Hautseite nach oben auf einem mit Backpapier belegten Blech im Ofen auf der mittleren Schiene 8 Minuten garen. Das Bratenfett in der Pfanne bis zur weiteren Verwendung aufbewahren.

FRISCH UND LEICHT, SÄUERLICH UND SÜSS – PERFEKT BEGLEITET DAS FRUCHTIGE CHUTNEY DIE ZARTE ENTENBRUST.

Chutneys entstammen ursprünglich der Küche Indiens, wo diese pikante Erfindung beinahe zu jedem Mittagsmahl serviert wird. Beliebt sind neben Chutneys aus Obstsorten auch die herzhafteren Tomaten- oder Auberginenchutneys. Die kunstvolle Kombination verschiedener Gewürze, die neben Süße und Säure auch die herbe und bittere Komponente nicht vergisst, sorgt für Momente umwerfender Aromenvielfalt. In diesem Gericht bilden Aprikosen und Erdnüsse die Hauptnote des Chutneys und entführen uns damit in sanfte Träume gen Fernost.

ENTENBRUST MIT WEISSEM SPARGEL

dazu Rosmarin-Kartoffelstampf und Orangen-Kardamom-Sauce

Famoses Festmahl: Honigglasierte Entenbrust mit weißem Spargel, Rosmarin-Kartoffelstampf und Orangen-Kardamom-Sauce – ja, es schmeckt genauso gut, wie es klingt!

⏱ Zubereitungszeit: 30 Minuten

Ente frisch bestrichen

FÜR 2 PERSONEN

2 ENTENBRUSTFILETS
3 KARTOFFELN
4 STANGEN WEISSER SPARGEL
1 BIO-ORANGE
1 BUND ROSMARIN
40 G BUTTER
1 EL HONIG
2 KARDAMOMKAPSELN
1 EL WEISSWEINESSIG
2 EL OLIVENÖL
SALZ, PFEFFER & ZUCKER

1

Ofen auf 180 °C Umluft bzw. 200 °C Ober-/Unterhitze vorheizen. Kartoffeln schälen, in ca. 2 cm große Würfel schneiden. Spargel schälen, von Enden befreien, dritteln. Rosmarinspitzen beiseitelegen, übrige Nadeln abzupfen, hacken.

2

In einem Topf 150 ml Wasser mit dem Essig, 1 EL Öl, 1 TL Zucker sowie ½ TL Salz zum Kochen bringen. Spargel zugeben und ca. 20 Minuten bei niedriger bis mittlerer Temperatur bedeckt köcheln.

3

Kartoffeln mit 1 TL Salz in einen Topf geben, mit warmem Wasser bedecken, aufkochen und bei mittlerer Temperatur ca. 15 Minuten weich kochen. Kardamomkapseln öffnen, Samen herauslösen und fein hacken.

7

Entenfett in der Pfanne erhitzen. Hälfte der Butter, Kardamom und Orangensaft darin aufkochen, bei mittlerer Temperatur 4 Minuten köcheln. Mit ½ TL Zucker, 1 TL Orangenschale und Pfeffer würzen. Spargel abgießen

8

Kartoffeln abgießen, übrige Butter und gehackten Rosmarin zugeben, grob zerdrücken. Mit ½ TL Salz würzen. Entenbrust aus dem Ofen nehmen, 3 Minuten abgedeckt ruhen lassen und schräg in ca. 1 cm breite Streifen schneiden.

9

Rosmarin-Kartoffelstampf, weißen Spargel sowie Entenbrust auf Tellern anrichten und mit Kardamom-Orangen-Sauce sowie Rosmarinspitzen dekorieren.

4
Orange heiß abwaschen, Schale abreiben und Saft auspressen. Entenbrustfilets abspülen, trocken tupfen und die Haut rautenförmig einritzen, ohne in das Fleisch zu schneiden. Mit je ¼ TL Salz und Pfeffer rundum würzen.

5
Entenbrust auf der Hautseite in eine kalte Pfanne ohne Öl geben, die Pfanne stark erhitzen, die Entenbrust bei hoher Temperatur ca. 4 Minuten goldbraun braten. Fleisch wenden, ½ Minute weiterbraten. Pfanne vom Herd nehmen.

6
Die Entenbrustfilets auf ein mit Backpapier belegtes Blech geben. Die Hautseiten mit Honig bestreichen und das Fleisch im vorgeheizten Ofen auf der mittleren Schiene 8 Minuten garen.

KARDAMOM IST EIN INGWERGEWÄCHS UND GEHÖRT MIT VANILLE UND SAFRAN ZU DEN TEUERSTEN GEWÜRZEN DER WELT.

Der Preis ist unter anderem auf die aufwendige Ernte zurückzuführen, denn die kleinen grünen Kapseln werden in Handarbeit gesammelt und getrocknet. Kardamom hat vor allem in Asien und im Orient eine große Bedeutung. Auch wir wollen nicht auf dieses Wundergewürz verzichten und setzen es in unserem Gericht ein: Die kesse Kapsel verleiht der lieblichen Orangensauce eine charmant-würzige Note und vollendet so ein ohnehin schon beachtliches Mahl: Honigglasierte Entenbrust mit weißem Spargel und cremigem Rosmarin-Kartoffelstampf.

FÜR 2 PERSONEN

2 SCHWEINEFILETS
1 SÜSSKARTOFFEL
6 BRAUNE CHAMPIGNONS
1 ROTE ZWIEBEL
200 G SAHNE
2 EL BUTTER
3 G GRÜNER MALABAR-PFEFFER
1 BRÜHWÜRFEL
100 ML WEISSWEIN
6 EL OLIVENÖL
SALZ, PFEFFER & ZUCKER

SCHWEINEMEDAILLONS IN PFEFFER-PILZ-RAHM

mit Süßkartoffelstampf und Röstzwiebeln

So zart, so kräftig: Unsere scharf angebratenen Schweinemedaillons glänzen mit Zartheit und begeistern zugleich mit würzigem indischem Pfeffer und köstlichem Süßkartoffelstampf.

⏱ Zubereitungszeit: 30 Minuten

So zart, so kräftig

1
Ofen auf 160 °C Umluft bzw. 180 °C Ober-/Unterhitze vorheizen. Champignons putzen, in feine Scheiben schneiden. Zwiebel schälen und halbieren, eine Hälfte fein hacken, andere Hälfte in ca. 0,5 cm dünne Spalten schneiden.

2
In einer Schale die Zwiebelspalten mit 2 EL Öl, 1 EL Zucker und ½ TL Salz vermengen. Die Süßkartoffel schälen und in ca. 3 cm große Würfel schneiden.

3
Die Zwiebelspalten auf einem mit Backpapier belegten Blech gleichmäßig verteilen und im vorgeheizten Ofen auf der mittleren Schiene ca. 17 Minuten goldbraun rösten.

7
Mit dem Weißwein ablöschen. Sahne und Brühwürfel zugeben, 8 Minuten leicht einkochen lassen. Anschließend die Medaillons zugeben und bei geringer bis mittlerer Temperatur weitere 4 Minuten ziehen lassen.

8
Währenddessen die Süßkartoffelwürfel abgießen und kurz ausdampfen lassen. Butter zugeben und alles mit einer Gabel zerdrücken. Mit ½ TL Salz sowie nach Geschmack mit Pfeffer würzen.

9
Süßkartoffelstampf auf Teller geben, Schweinemedaillons darauf anrichten und mit Pfeffer-Pilz-Rahm sowie gerösteten Zwiebeln dekorieren.

4
Kartoffeln mit 1 TL Salz in einem Topf mit Wasser bedeckt aufkochen, bei mittlerer Temperatur 13 Minuten bedeckt köcheln. Filets abspülen, trocken tupfen, in ca. 3 cm dicke Medaillons schneiden. Mit ¼ TL Salz und Pfeffer würzen.

5
Währenddessen in einer Pfanne 2 EL Öl erhitzen und die Schweinemedaillons darin bei hoher Temperatur auf jeder Seite 1 Minute scharf anbraten. Anschließend aus der Pfanne nehmen und kurz ruhen lassen.

6
In der zuvor verwendeten Pfanne 2 EL Öl erhitzen und Zwiebelwürfel, Champignons und Malabar-Pfeffer bei mittlerer Temperatur 2 Minuten anbraten.

EIN ALTER BEKANNTER IM NEUEN GEWAND: KARTOFFELSTAMPF AUS SÜSSKARTOFFELN ENTPUPPT SICH ALS RECHTER GAUMENSCHMAUS.

Die aus Südamerika stammende Süßkartoffel ist ein sehr vielseitiges und gesundes Gemüse, das sich auf unterschiedlichste Art und Weise zubereiten lässt. Dabei ist diese sogenannte Kartoffel, die auch Batate genannt wird, gar keine Kartoffel. Sie gehört eigentlich, anders als ihr Name vermuten lässt, zu den Windengewächsen. Zu ihr gesellt sich in unserem Rezept ein weiterer Exot – der Malabar-Pfeffer. Zusammen mit der Süßkartoffel ist der indische Pfeffer ein perfekter Begleiter der Schweinemedaillons und verleiht ihnen die nötige Würze.

FÜR 2 PERSONEN

2 RINDERHÜFTSTEAKS
3 KARTOFFELN
1 BIO-ZITRONE
7 ROTE COCKTAILTOMATEN
7 GELBE COCKTAILTOMATEN
1 SCHALOTTE
1 KNOBLAUCHZEHE
1 BUND PETERSILIE
1 BUND OREGANO
1 GETROCKNETE CHILISCHOTE
1 EL DUNKLER BALSAMICO-ESSIG
7 EL OLIVENÖL
SALZ, PFEFFER & ZUCKER

CHIMICHURRI-RINDERHÜFTSTEAKS

mit Zitronen-Kartoffeln und zweifarbigem Tomatensalat

Leidenschaft aus Südamerika: Saftiges Rinderhüftsteak und feurige Chimichurri-Sauce tanzen einen heißen Tango um zitronige Kartoffeln und fruchtigen Tomatensalat.

Zubereitungszeit: 30 Minuten

Argentinischer Tellertango

1
Ofen auf 180 °C Umluft bzw. 200 °C Ober-/Unterhitze vorheizen. Kartoffeln waschen und mit Schale in ca. 3 cm große Würfel schneiden. Gelbe und rote Cocktailtomaten vierteln.

2
In einer Schale die Kartoffeln mit 1 EL Öl und 1 TL Salz vermengen. Anschließend auf ein mit Backpapier belegtes Blech geben und im vorgeheizten Ofen auf der mittleren Schiene ca. 25 Minuten goldbraun backen.

3
Zitrone heiß abwaschen, Schale abreiben und Saft auspressen. Schalotte und Knoblauch schälen, fein hacken. Oregano- und Petersilienblätter abzupfen, einige Petersilienspitzen beiseitelegen. Chilischote grob zerbröseln.

7
Die Cocktailtomaten mit dem übrigen Knoblauch in eine Schüssel geben und mit 1 EL Öl, dem Balsamico-Essig sowie ½ TL Zucker vermengen. Mit ¼ TL Salz sowie nach Geschmack mit Pfeffer würzen.

8
Die Steaks aus dem Ofen nehmen und 3 Minuten abgedeckt ruhen lassen. In ca. 1 cm dicke Scheiben schneiden. Die Kartoffeln aus dem Ofen nehmen und in einer Schale mit der Zitronenmarinade vermengen.

9
Rinderhüftsteaks, Zitronen-Kartoffeln und Tomatensalat auf Tellern anrichten. Mit Chimichurri-Sauce sowie Petersilienspitzen dekorieren.

4
Schalotte, Hälfte des Knoblauchs, Oregano- und Petersilienblätter mit Chili, 3 EL Öl, 1 EL Zitronensaft und 1 TL Zucker mit einem Stabmixer zu einer Chimichurri pürieren. Mit 1 TL Salz sowie nach Geschmack mit Pfeffer würzen.

5
Rinderhüftsteaks abspülen, trocken tupfen und rundum mit je ¼ TL Salz sowie nach Geschmack mit Pfeffer würzen. In einer Schale 1 EL Öl, 1 EL Zitronensaft und 1 TL Zitronenschale zu einer Marinade vermengen.

6
In einer Pfanne 1 EL Öl stark erhitzen. Die Rinderhüftsteaks darin bei hoher Temperatur auf jeder Seite 1 Minute scharf anbraten. Anschließend zu den Kartoffeln in den Ofen geben und 8 Minuten mitgaren.

DIE FLEISCHZUBEREITUNG HAT IN DER ARGENTINISCHEN KOCHKULTUR EINE LANGE TRADITION.

In Argentinien findet auch der unnachahmlich würzige Begleiter mit kuriosem Namen seinen Ursprung: Die Chimichurri-Sauce ist ein Klassiker der argentinischen Küche. Hergestellt aus Petersilie, Oregano, Chili und Knoblauch geht sie eine leidenschaftliche Beziehung mit dem Rinderhüftsteak ein. Der bunte Tomatensalat aus gelben und roten Tomaten erfrischt nicht nur das Auge, sondern fügt dem Gericht zusammen mit den Zitronen-Kartoffeln eine perfekte fruchtige Note hinzu!

RINDERHÜFTSTEAK MIT PORTWEIN-ZWIEBELN

dazu Thymianbutter-Crostini und Birnen-Feldsalat

Deliziös dinieren: Edles Rinderhüftsteak wird begleitet von feinsten Portwein-Zwiebeln, köstlichen Thymianbutter-Crostini und Birnen-Feldsalat. Das Erfolgsrezept für ein perfektes Dinner.

🕐 Zubereitungszeit: 30 Minuten

In geselliger Runde

FÜR 2 PERSONEN

2 RINDERHÜFTSTEAKS
1 BIRNE
2 ZWIEBELN
50 G FELDSALAT
1 KNOBLAUCHZEHE
1 BUND THYMIAN
40 G BUTTER
100 ML PORTWEIN
1 KLEINES BAGUETTE
1½ EL WEISSWEINESSIG
4 EL OLIVENÖL
SALZ, PFEFFER & ZUCKER

1
Den Backofen auf 180 °C Umluft bzw. 200 °C Ober-/Unterhitze vorheizen. Baguette schräg in ca. 2 cm dicke Scheiben schneiden. Thymianblätter von den Stielen zupfen. Den Knoblauch schälen und fein hacken.

2
Steaks unter kaltem Wasser abspülen, trocken tupfen und rundum mit je ¼ TL Salz sowie nach Geschmack mit Pfeffer würzen. In einer Schale Butter mit Thymianblättern sowie Knoblauch vermengen und mit ¼ TL Salz würzen.

3
Baguettescheiben mit Thymianbutter bestreichen. Zwiebeln schälen, halbieren und in ca. 0,2 cm schmale Streifen schneiden.

7
Währenddessen die Birne schälen, vierteln, vom Kerngehäuse befreien und in ca. 1 cm kleine Würfel schneiden. In einer Schale 2 EL Öl, den Weißweinessig, ½ TL Zucker sowie ¼ TL Salz zu einer Vinaigrette vermengen.

8
Thymianbutter-Crostini sowie Rinderhüftsteaks aus dem Ofen nehmen. Die Steaks 3 Minuten bedeckt ruhen lassen und anschließend schräg halbieren. Feldsalat und Birnenwürfel in einer Schüssel mit der Vinaigrette vermengen.

9
Rinderhüftsteaks auf flachen Tellern mit Portwein-Zwiebeln, Birnen-Feldsalat und Thymianbutter-Crostini anrichten.

4
In einer Pfanne 1 EL Öl stark erhitzen und die Rinderhüftsteaks darin bei hoher Temperatur auf jeder Seite 1 Minute scharf anbraten. Anschließend die Pfanne vom Herd nehmen.

5
Baguettescheiben sowie Rinderhüftsteaks auf ein mit Backpapier belegtes Blech geben und im vorgeheizten Ofen auf der mittleren Schiene 8 Minuten garen bzw. backen.

6
In verwendeter Pfanne 1 EL Öl erhitzen, die Zwiebel bei mittlerer Temperatur 3 Minuten anbraten. Mit Portwein ablöschen, aufkochen, bei hoher Temperatur ca. 4 Minuten köcheln. Mit ¼ TL Salz, ¼ TL Zucker und Pfeffer würzen.

DIE HERSTELLUNG VON PORTWEIN, EINEM KLASSIKER DER WEINWELT, IST KOSTENINTENSIV UND SEHR AUFWENDIG.

Portwein ist ein seltener, meist roter Süßwein, der seinen Namen der Stadt Porto verdankt. Die Bezeichnung ist weltweit geschützt und darf nur für Weine verwendet werden, die aus der portugiesischen Weinbauregion Douro stammen. Der süße, likörartige Geschmack des Weines harmoniert vorzüglich mit den Zwiebeln, denen er ein ganz besonderes Aroma verleiht. Servieren Sie das Rinderhüftsteak dann noch mit den köstlich knusprigen Thymianbutter-Crostini und einem Birnen-Feldsalat, werden Ihre Gäste Sie in den Himmel loben!

FÜR 2 PERSONEN

4 MERGUEZ
3 KARTOFFELN
50 G WILDKRÄUTER-
  SALAT
1 KNOBLAUCHZEHE
1 BUND ESTRAGON
1 DOSE KICHERERBSEN
  (400 G, VORGEGART)
25 G TAHIN (SESAMPASTE)
2 G KREUZKÜMMEL
2 TL WEISSWEINESSIG
8 EL OLIVENÖL
SALZ, PFEFFER & ZUCKER

GEBRATENE MERGUEZ MIT ESTRAGON-HUMMUS

auf Wildkräutersalat und Röstkartoffeln

Kulinarische Sommervielfalt: Orientalischer Hummus und nordafrikanische Merguez lassen zusammen mit Wildkräutersalat und Röstkartoffeln die Sonne scheinen.

🕐 Zubereitungszeit: 30 Minuten

Andere Länder andere Bratwurst

1
Ofen auf 200 °C Umluft bzw. 220 °C Ober-/Unterhitze vorheizen. Kartoffeln waschen und mit der Schale in ca. 2 cm große Würfel schneiden. Knoblauch schälen und fein hacken. Estragonblätter von den Stielen zupfen und grob hacken.

2
In einer Schale die Kartoffeln mit 2 EL Öl, 1 TL Salz sowie der Hälfte des Knoblauchs vermengen. Auf einem mit Backpapier belegten Blech im vorgeheizten Ofen auf der mittleren Schiene ca. 25 Minuten goldbraun backen.

5
In einer Schale 2 EL Öl mit 1 TL Weißweinessig zu einer Vinaigrette vermengen. Mit ½ TL Zucker, ¼ TL Salz sowie nach Geschmack mit Pfeffer würzen. Kurz vor dem Servieren den Wildkräutersalat mit der Vinaigrette vermengen.

6
Die Merguez mit Estragon-Hummus, Wildkräutersalat sowie Röstkartoffeln auf flachen Tellern anrichten.

3
Kichererbsen abgießen, Flüssigkeit auffangen. Kichererbsen mit dem übrigen Knoblauch, Tahin, Kreuzkümmel, Estragon, 7 EL Kichererbsenflüssigkeit, 3 EL Öl sowie 1 TL Weißweinessig zu Hummus pürieren. Mit ½ TL Salz würzen.

4
In einer Pfanne 10 Minuten vor Ende der Kartoffelbackzeit 1 EL Öl erhitzen und die Merguez darin bei mittlerer Temperatur ca. 7 Minuten goldbraun anbraten, dabei regelmäßig wenden.

DIE NORDAFRIKANISCHE DELIKATESSE MERGUEZ VERLEIHT UNSEREM SOMMERLICHEN GRILLTELLER EINE ANGENEHME WÜRZE.

Die Merguez ist eine Bratwurst und kommt ursprünglich aus der nordafrikanischen Küche. Bestehend aus Hackfleisch von Lamm und Rind wird ihr Geschmack durch feine Würze und leichte Schärfe abgerundet – gemeinsam bereichern diese Aromen das Sortiment auf dem Grill und zaubern das nötige Feuer auf unsere sommerlichen Teller. An der Seite des frischen Hummus kommt die Merguez sehr gut zur Geltung. Unser besonderes Highlight ist übrigens der Estragon, der den Hummus mit seiner persönlichen Note abrundet. Vollendet wird der Sommergenuss durch frischen Wildkräutersalat und geröstete Kartoffeln.

SRI-LANKA-LAMMCURRY

in Kokosmilch, dazu knusprige Papadam-Chips

Exotischer Gaumenschmaus von einer fernen Insel: Zartes Lammfleisch, sanfte Chili, intensives Madras-Curry und cremige Kokosmilch entführen Sie in das zauberhafte Sri Lanka.

Zubereitungszeit: 25 Minuten

TRAUMZIEL-TRAUMESSEN

FÜR 2 PERSONEN

2 LAMMHÜFTSTEAKS
1 STRAUCHTOMATE
1 ZWIEBEL
1 CHILISCHOTE
1 KNOBLAUCHZEHE
1 BUND PETERSILIE
1 DOSE KOKOSMILCH
 (400 ML)
150 G BASMATIREIS
4 PAPADAMS
6 G MADRAS-CURRY
1 GEWÜRZNELKE
100 ML PFLANZENÖL
SALZ & PFEFFER

1

Lammfleisch abspülen, trocken tupfen, in ca. 2 cm große Stücke schneiden, rundum mit 1 TL Salz sowie Pfeffer würzen. Petersilienspitzen für die Dekoration beiseitelegen, die übrigen Blätter mit den Stielen fein hacken.

2

Basmatireis mit 250 ml Wasser sowie ¼ TL Salz in einem Topf zum Kochen bringen und bei niedriger Temperatur bedeckt ca. 12 Minuten köcheln, bis das Wasser verkocht und der Reis gar ist. Gelegentlich umrühren.

3

In einer Pfanne 2 EL Öl stark erhitzen und das Lammfleisch darin bei hoher Temperatur 2 Minuten rundum scharf anbraten. Anschließend aus der Pfanne nehmen.

7

In einer weiteren Pfanne 80 ml Öl stark erhitzen und die Papadam-Viertel darin bei hoher Temperatur nacheinander ca. 4 Sekunden knusprig frittieren. Anschließend herausnehmen und auf Küchenpapier abtropfen lassen.

8

Lammfleisch zum Curry in der Pfanne geben und 1 Minute mitköcheln lassen. Die Pfanne vom Herd nehmen und die Petersilie unterheben.

9

Basmatireis und Lammcurry in Schalen anrichten und mit Petersilienspitzen dekorieren. Die Papadam-Chips dazu servieren.

4
Zwiebel sowie Knoblauch schälen und fein würfeln. Chilischote von Stielansatz sowie Samen befreien und fein hacken. Tomate vom Stielansatz befreien und in ca. 1 cm große Würfel schneiden. Papadams in Viertel brechen.

5
Die Temperatur verringern und Zwiebel, Knoblauch, Madras-Curry sowie gehackte Chilischote und nach Geschmack auch die Samen in die Pfanne geben. Bei mittlerer Temperatur 3 Minuten anbraten.

6
Tomatenwürfel, Kokosmilch sowie Gewürznelke zugeben und alles 8 Minuten einkochen lassen. Mit 1½ TL Salz sowie nach Geschmack mit Pfeffer würzen.

DIESES AROMATISCHE CURRY WIRD IHRE GESCHMACKSKNOSPEN KITZELN UND SIE GEDANKLICH IN FREMDE LÄNDER ENTFÜHREN!

Aufgrund des tropischen Klimas gedeihen auf Sri Lanka vielfältige Gewürze, die seit Jahrhunderten Händler auf die Insel locken. Gewürznelke, Curry und grüne Chilischote bilden die Grundlage unseres Sri-Lanka-Currys. Diese wunderbaren Aromen werden in cremige Kokosmilch gehüllt, die das zarte Lammfleisch umgarnt und einen herrlichen Kontrast zu den knusprigen Papadam-Chips bildet. Die Kombination aus der angenehmen Schärfe der Chili und der intensiven Würze des Currys verwöhnt uns mit exotischem Hochgenuss!

INDISCHES LAMM-KORMA

mit Chili-Cashews und Basmatireis

Köstliches Korma: Zarte Lammhüfte verzaubert unsere Geschmackssinne. Feurige Chili-Cashewkerne, feiner Basmatireis und ein intensives Madras-Curry sorgen für aromatische Vielfalt.

Zubereitungszeit: 30 Minuten

Heiß auf Reis!

FÜR 2 PERSONEN

2 LAMMHÜFTSTEAKS
2 MÖHREN
1 ZWIEBEL
1 KNOBLAUCHZEHE
200 G SAHNE
150 G BASMATIREIS
15 G ROSINEN
20 G CASHEWKERNE
6 G MADRAS-CURRY
1 GETROCKNETE CHILI-SCHOTE
5 EL PFLANZENÖL
SALZ & PFEFFER

1
Die Möhren schälen, längs halbieren und schräg in ca. 0,2 cm feine Scheiben schneiden. Zwiebel sowie Knoblauch schälen und fein würfeln.

2
Die Chilischote fein zerbröseln und in einer Schale mit 2 EL Öl sowie ¼ TL Salz vermengen. Lammhüfte abspülen, trocken tupfen und in ca. 3 cm große Würfel schneiden. Rundum mit ½ TL Salz würzen.

3
In einer Pfanne 2 EL Öl stark erhitzen und das Lammfleisch darin bei hoher Temperatur 3 Minuten rundum scharf anbraten. Anschließend aus der Pfanne nehmen.

7
Eine kleine Pfanne ohne Öl erhitzen und die Cashewkerne darin bei mittlerer Temperatur ca. 2 Minuten goldgelb anrösten. Das Chili-Öl zugeben und die Kerne ca. 2 weitere Minuten goldbraun rösten, aus der Pfanne nehmen.

8
Das Lammfleisch zur Sauce in der Pfanne geben und bei mittlerer Temperatur 1 Minute köcheln lassen. Mit ¼ TL Salz sowie nach Geschmack mit Pfeffer würzen.

9
Das indische Lamm-Korma und den Basmatireis auf Tellern anrichten und mit Chili-Cashews dekorieren.

4
Den Basmatireis mit Rosinen, 250 ml Wasser sowie ¼ TL Salz in einem Topf zum Kochen bringen. Bei niedriger Temperatur bedeckt ca. 12 Minuten köcheln, bis das Wasser verkocht und der Reis gar ist.

5
Währenddessen in der zuvor verwendeten Pfanne 1 EL Öl erhitzen. Zwiebel und Möhren darin bei mittlerer Temperatur 2 Minuten anbraten. Den Knoblauch zugeben und ca. ½ Minute mitbraten. Mit ¼ TL Salz würzen.

6
Sahne und Madras-Curry zugeben, alles aufkochen und bei mittlerer Temperatur 5 Minuten köcheln lassen.

WIR SIND HEISS AUF REIS UND HABEN MIT BASMATIREIS DIE PERFEKTE WAHL FÜR UNSER LAMM-KORMA GETROFFEN.

Basmati ist ein indischer Klassiker; der Begriff kommt aus dem Hindi und bedeutet »duftend«. Diesen Namen haben sich die kleinen Körner auch redlich verdient. Bereits ungekocht verströmen sie ihren charakteristischen Duft, der sie von anderen Reissorten deutlich unterscheidet. Basmatireis ist ein besonders aromatischer und langkörniger Reis, der seinen Ursprung im heutigen Afghanistan hat. Er wird am Fuß des majestätischen Himalaya angebaut und ist die typische Begleitung zu einer Vielzahl von orientalischen Gerichten.

SOMMERLICHES ZITRONENTIRAMISU
mit weißer Schokolade

Der Dessertklassiker im Sommerkleid: Spritzige Zitrone und weiße Schokolade bilden die perfekte Grundlage unserer köstlich-erfrischenden Nachspeise.

🕐 Zubereitungszeit: 15 Minuten

FÜR 2 PERSONEN:

2 BIO-ZITRONEN
250 G SPEISEQUARK
50 G LÖFFELBISKUITS
30 G WEISSE SCHOKOLADE
ZUCKER

1. Die Zitronen heiß abwaschen, die Schale abreiben, 2 Scheiben für die Dekoration beiseitelegen und anschließend den Saft auspressen.

2. In einem Topf den Zitronensaft mit 4 EL Zucker bei mittlerer bis hoher Temperatur ca. 7 Minuten leicht sirupartig einkochen lassen. Den Topf vom Herd nehmen und den Sirup abkühlen lassen.

3. Währenddessen die weiße Schokolade grob hacken und die Löffelbiskuits vierteln.

4. In einer Schüssel den Speisequark mit 1 EL Zucker, 1 EL Zitronensirup, 2 TL Zitronenschale sowie zwei Drittel der Schokolade vermengen.

5. Löffelbiskuits, Zitronensirup und Quarkcreme in dieser Reihenfolge abwechselnd in 2 kleine Dessertschälchen schichten. Anschließend bis zum Servieren kalt stellen.

6. Das Zitronen-Tiramisu mit Zitronenscheiben und der übrigen Schokolade dekorieren.

BLITZ-CRUMBLE
mit Nektarinen & Pflaumen

Der süße Alleskönner: Knusprige Haferflockenkrümel, eine saftig-süße Fruchtfüllung, aromatische Vanille und eine goldbraun gebackene Kruste bringen uns zum Strahlen.

Zubereitungszeit: 30 Minuten

KÖSTLICHE KRÜMELCHEN

1. Ofen auf 180 °C Umluft bzw. 200 °C Ober-/Unterhitze vorheizen. Nektarinen und Pflaumen vierteln, von den Kernen befreien und in ca. 1 cm große Würfel schneiden. Vanilleschote längs halbieren, Mark mit einem Löffel herauskratzen.

2. In einer Pfanne das Öl erhitzen. Die Nektarinen- und Pflaumenwürfel darin mit 1 EL weißem Zucker, Vanillemark sowie -schote bei geringer bis mittlerer Temperatur ca. 3 Minuten weich braten.

3. Währenddessen in einer Schüssel Rohrzucker, Haferflocken und Mehl vermengen. Die Butter zugeben und alles mit einer Gabel gründlich vermengen.

4. Anschließend 2 EL der heißen Obstwürfel beiseitelegen, übrige Früchte ohne Vanilleschote in 2 Backförmchen geben, mit Haferflockenstreuseln bestreuen. Im vorgeheizten Ofen auf der mittleren Schiene ca. 15 Minuten goldbraun backen.

5. Den Crumble aus dem Ofen nehmen und mindestens 5 Minuten abkühlen lassen.

6. Den Crumble mit den übrigen Obstwürfeln dekorieren.

FÜR 2 PERSONEN:

- 2 NEKTARINEN
- 4 PFLAUMEN
- 40 G WEICHE BUTTER
- 50 G HAFERFLOCKEN
- 50 G ROHRZUCKER
- 1 VANILLESCHOTE
- 1 EL PFLANZENÖL
- 25 G MEHL
- ZUCKER

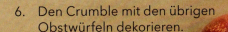

MANGO-PASSIONS-FRUCHT-TRIFLE
mit Kokos und Limettenquark

Britischer Klassiker: Unser fruchtiges Mango-Passionsfrucht-Trifle überzeugt mit seinem cremigen Limettenquark, feinen Kokosraspeln und knusprigen Butterkeksen.

⏱ Zubereitungszeit: 25 Minuten

Tropisch fruchtig

FÜR 2 PERSONEN:

1 MANGO
1 BIO-LIMETTE
1 PASSIONSFRUCHT
250 G SPEISEQUARK
50 G BUTTERKEKSE
20 G KOKOSRASPEL
3 EL MILCH
ZUCKER

1. Mango schälen, vom Kern befreien, in ca. 1 cm große Würfel schneiden. Passionsfrucht halbieren, Fruchtfleisch herauslösen. Limette heiß abwaschen, halbieren, 2 Scheiben beiseitelegen, Schale abreiben und Saft auspressen.

2. Die Butterkekse in eine Schüssel geben und fein zerbröseln. In einer anderen Schüssel Mango, Passionsfrucht sowie 2 TL Limettensaft vermengen.

3. Die Kokosraspel in einer Pfanne ohne Öl bei mittlerer Temperatur ca. 2 Minuten goldbraun rösten. Anschließend aus der Pfanne nehmen.

4. Währenddessen in einer Schale den Speisequark mit der Milch, 2 EL Zucker und 1 TL Limettenschale gut vermengen. Zwei Drittel der Kokosraspel mit den Butterkekskrümeln vermengen.

5. Butterkeks-Kokos-Mischung, Limettenquark und Passionsfrucht-Mango-Masse abwechselnd in 2 Gläser schichten. Bis zum Servieren kalt stellen.

6. Das Mango-Passionsfrucht-Trifle mit verbliebenen Kokosraspeln und Limettenscheiben dekorieren.

CHOCOLATE-CHIP-COOKIE-TÖRTCHEN
mit Himbeermus-Kern

Tolles Törtchen: Ein Herz aus fruchtig-süßem Himbeermus ummantelt von einem warmen Chocolate-Chip-Kuchenteig – bei dieser Vorstellung schmilzt nicht nur das Krümelmonster dahin.

🕐 Zubereitungszeit: 30 Minuten

Tolles Törtchen!

1. Den Backofen auf 180 °C Umluft bzw. 200 °C Ober-/Unterhitze vorheizen. Die Backförmchen mit je ½ TL Butter einreiben und mit je 1 TL Zucker ausstreuen, anschließend in den Kühlschrank stellen. Die Schokolade reiben.

2. Die übrige Butter mit Ei, Vanillezucker, Mehl, Milch, 3 TL Zucker sowie ¼ TL Salz in einer Schüssel mit einem Handrührgerät gut vermengen.

3. Die Schokolade gleichmäßig unterheben.

4. Die Backförmchen aus dem Kühlschrank nehmen und mit dem Teig befüllen. Mit einem Teelöffel eine tiefe Mulde in die Mitte des Teigs drücken und je 3 TL Himbeermus hineingeben.

5. Anschließend im vorgeheizten Ofen auf der mittleren Schiene ca. 20 Minuten backen. Die Cookie-Törtchen sind fertig, wenn sich oben eine Kruste bildet und sich die Törtchen leicht vom Rand lösen lassen.

6. Chocolate-Chip-Cookie-Törtchen mit Himbeermus aus dem Ofen nehmen, 2 Minuten abkühlen lassen und anschließend noch warm in den Förmchen auf kleinen Tellern servieren.

FÜR 2 PERSONEN:

- 40 G HIMBEERMUS
- 60 G WEICHE BUTTER
- 50 G ZARTBITTERSCHOKOLADE
- 1 EI
- 1 PCK. VANILLEZUCKER
- 100 G MEHL
- 3 EL MILCH
- SALZ & ZUCKER

Unsere Kochboxen

DER BEQUEMSTE WEG ZU LECKEREN REZEPTEN

Mit den Kochhaus-Kochboxen kommen die Kochhaus-Rezepte direkt zu dir nach Hause. Neben dem täglichen Lieferservice, der Kochhaus-Kunden in allen Kochhaus-Genussmetropolen mit frischen Rezeptideen versorgt, bietet das Kochhaus auch bundesweit unkomplizierte Kocherlebnisse frei Haus mit dem flexiblen Kochbox-Abo. Und das sind deine Vorteile:

Genuss: Jede Woche hast du die Auswahl aus 18 vielfältigen Rezepten.

Flexibilität: Noch bis zum Tag der Lieferung kannst du deine Kochbox anpassen oder einfach pausieren. Keine Mindestlaufzeit, kein Mindestbestellwert und nur ein Tag Kündigungsfrist.

Frische: Alle Zutaten werden direkt aus einem Kochhaus in deiner Nähe, ohne lange Lagerzeit, bequem zu dir nach Hause geliefert.

Kochhaus achtet bei all seinen Produkten auf Regionalität und Saisonalität sowie einen nachhaltigen Umgang mit Lebensmitteln. Zutaten werden bewusst lokal bezogen, saisonale Rezepte favorisiert und alle Zutaten passend für jedes Gericht portioniert. Um eine hohe Qualität aller Zutaten zu garantieren und aus Überzeugung, pflegt Kochhaus enge Partnerschaften zu kleinen Familien- und Traditionsunternehmen sowie zu sozialen Projekten, wie den Werkstätten für Menschen mit Behinderungen.

Hast du Lust, die Kochhaus-Kochbox auszuprobieren?

Einfach anmelden unter:
www.Kochhaus.de/Kochboxen

Kochkurse im Kochhaus

Für alle, die noch tiefer in die Töpfe der Kochhaus-Welt schauen möchten, veranstalten wir regelmäßige Kochkurse in kunterbunten Grüppchen zu vielen verschiedenen Küchenthemen. Mit erfahrenen und kreativen Köchen entstehen so charmante Abende rund ums Thema Kochen und Essen.

Hier werden nicht nur gemeinsam Gerichte zubereitet, wir lüften auch das ein oder andere Küchengeheimnis. **Übrigens ein ideales Geschenk für jeden Küchenfreund:** Für alle Kochkurse sind auch Gutscheine erhältlich!

Alternativ könnt ihr im Kochhaus natürlich auch euer eigenes Süppchen kochen: Ob Teamevent, Weihnachtsfeier, Junggesellenabschied, Geburtstagsfeier oder einfach ein Abend unter Freunden – Kochhaus bietet für jeden Anlass auch individuell geplante Kochevents an. **Für einen ganzen Abend gehört das Kochhaus allein dir!**

Egal, ob Kochkurs oder Kochevent – in jedem Fall ist eine frühzeitige Reservierung angeraten, da die Plätze schnell vergeben sind.

Alle Informationen findet ihr auf www.Kochhaus.de/Kochkurse-Events

Register nach Zutaten

Aprikose
Krosse Entenbrust mit Reisbandnudeln und Aprikosen-Erdnuss-Chutney 199
Rotes Linsencurry mit Babyspinat und Aprikosen-Ingwer-Chutney 82
Sommerlicher Couscous-Salat mit Chili-Aprikosen und gebratenem Halloumi 111

Aubergine
Farfalle mit Basilikum-Cashew-Pistou und gegrillter Aubergine 136

Avocado
Gebratene Gnocchi in Orangensud mit Babymangold und Avocado 168

Baby-Kale
Würzig gebackener Butternusskürbis auf Baby-Kale mit Orangendressing und Mandeln 99

Babymais
Massaman-Glasnudel-Suppe mit Kokosmilch, Brokkoli und Babymais 69

Babymangold
Gebratene Gnocchi in Orangensud mit Babymangold und Avocado 168

Babyspinat
Blitz-Lasagne mit getrockneten Tomaten, Ricotta und Babyspinat 148
Rotes Linsencurry mit Babyspinat und Aprikosen-Ingwer-Chutney 82

Bacon
Caesar Salad mit Bacon, dazu Knoblauch-Croûtons und Sumach-Sauerrahm 10

Birne
Rinderhüftsteak mit Portwein-Zwiebeln, dazu Thymian-butter-Crostini und Birnen-Feldsalat 214

Blumenkohl
Granatapfel-Linsen-Salat mit Curry-Blumenkohl und Dattel-Mandel-Crunch 90

Bohnen
Honig-Senf-Hähnchen mit Cheddar-Kartoffelstampf und grünem Bohnensalat 187

Brokkoli
Massaman-Glasnudel-Suppe mit Kokosmilch, Brokkoli und Babymais 69

Cashewkerne
Farfalle mit Basilikum-Cashew-Pistou und gegrillter Aubergine 136
Indisches Lamm-Korma mit Chili-Cashews und Basmatireis 226

Cheddar
Honig-Senf-Hähnchen mit Cheddar-Kartoffelstampf und grünem Bohnensalat 187
Pastrami-Sandwich mit Rotwein-Zwiebeln, Gurken und Cheddar 27

Chia-Samen
Detox-Suppe mit Roter Bete, Chia-Samen und Möhren 65

Chili-Nudeln
Limetten-Stir-Fry mit Chili-Nudeln und Wasserkastanien 145

Chorizo
Tagliolini rossi mit Chorizo, Pecorino und gelben Tomaten 133

Cocktailtomaten
Gnocchi in Basilikumcreme mit Cocktailtomaten und Pinienkernen 141
Knuspriger Flammkuchen mit Kräuterseitlingen und Cocktailtomaten 22

Couscous
Marokkanisches Gemüsecurry mit Kichererbsen, Paprika und Orangen-Couscous 107
Sommerlicher Couscous-Salat mit Chili-Aprikosen und gebratenem Halloumi 111

Curry
Grünes Thai-Curry mit Zuckerschoten, Shiitake und Erdnuss-Reis 122
Knuspriger Kokos-Tofu mit Gemüsecurry und thailändischem Duftreis 87
Marokkanisches Gemüsecurry mit Kichererbsen, Paprika und Orangen-Couscous 107
Rotes Linsencurry mit Babyspinat und Aprikosen-Ingwer-Chutney 82
Sobanudeln in Erdnusscurry mit Kokosmilch und Zuckerschoten 160
Sri-Lanka-Lammcurry in Kokosmilch, dazu knusprige Papadam-Chips 222

Dattel
Granatapfel-Linsen-Salat mit Curry-Blumenkohl und Dattel-Mandel-Crunch 90

Ente
Entenbrust mit weißem Spargel, dazu Rosmarin-Kartoffelstampf und Orangen-Kardamom-Sauce 202
Entenbrust, krosse, mit Reisbandnudeln und Aprikosen-Erdnuss-Chutney 199

Erdbeeren
Frische Sommerrollen mit Erdbeeren, Glasnudeln und Soja-Limetten-Dip 198

Erdnüsse
Grünes Thai-Curry mit Zuckerschoten, Shiitake und Erdnuss-Reis 122
Koreanische Tacos mit Kimchi, Erdnüssen und Chili-Koriander-Tofu 126
Krosse Entenbrust mit Reisbandnudeln und Aprikosen-Erdnuss-Chutney 199
One-Pot-Qinoa mit Thai-Gemüse und Erdnuss-Sauce 102
Sobanudeln in Erdnusscurry mit Kokosmilch und Zuckerschoten 160

Feldsalat
Rinderhüftsteak mit Portwein-Zwiebeln, dazu Thymianbutter-Crostini und Birnen-Feldsalat 214

Feta
Knusprige Socca mit grünem und weißem Spargel, Dill und Feta 114

Garnelen
Tom kha gung Thai-Kokos-Suppe mit Garnelen, Limette und Koriander 56

Gemüse
Knuspriger Kokos-Tofu mit Gemüsecurry und thailändischem Duftreis 87

REGISTER 237

Marokkanisches Gemüsecurry mit Kichererbsen,
  Paprika und Orangen-Couscous   107
One-Pot-Qinoa mit Thai-Gemüse und Erdnuss-Sauce   102
Pistazien-Falafel mit gegrilltem Gemüse und
  Sesam-Joghurt   119

Glasnudeln
Frische Sommerrollen mit Erdbeeren, Glasnudeln
  und Soja-Limetten-Dip   18
Glasnudel-Suppe, Massaman-, mit Kokosmilch,
  Brokkoli und Babymais   69
Teriyaki-Putenbrust auf Glasnudelsalat mit Sesam   182

Gnocchi
Gnocchi in Basilikumcreme mit Cocktailtomaten
  und Pinienkernen   141
Gnocchi, gebratene, in Orangensud mit Baby-
  mangold und Avocado   168
Gnocchi, gebratene, mit zweierlei Tomaten, dazu
  Walnüsse und Salbei-Butter   156

Gurken
Pastrami-Sandwich mit Rotwein-Zwiebeln, Gurken
  und Cheddar   27

Hähnchen
Honig-Senf-Hähnchen mit Cheddar-Kartoffelstampf
  und grünem Bohnensalat   187
Indisches Tikka Masala mit Zitronen-Hähnchen
  und Basmatireis   191
Jamaikanisches Jerk-Chicken mit karibischem
  Kokosreis und Mango-Koriander-Salsa   194
Vietnamesische Pho ga mit Hähnchenbrust,
  Reisbandnudeln und Koriander   48
Vietnamesisches Bánh-Mì-Sandwich mit
  Hähnchenbrust und Sriracha-Sauce   15

Halloumi
Orientalische Tacos mit gebratenem Halloumi
  und Jalapeño-Hummus   94
Sommerlicher Couscous-Salat mit Chili-Aprikosen
  und gebratenem Halloumi   111

Hummus
Gebratene Merguez mit Estragon-Hummus
  auf Wildkräutersalat und Röstkartoffeln   219
Orientalische Tacos mit gebratenem Halloumi
  und Jalapeño-Hummus   94

Ingwer
Rotes Linsencurry mit Babyspinat und Aprikosen-
  Ingwer-Chutney   82
Süßkartoffelsuppe mit Ingwer und Koriander-Rahm   53

Joghurt
Mango-Linsen-Suppe mit Limetten-Joghurt und
  knusprigen Papadam-Chips   44
Orientalische Tomaten-Kichererbsen-Suppe mit
  Joghurt und Oregano   41
Pistazien-Falafel mit gegrilltem Gemüse und
  Sesam-Joghurt   119

Kartoffeln
Chimichurri-Rinderhüftsteaks mit Zitronen-Kartoffeln
  und zweifarbigem Tomatensalat   211
Entenbrust mit weißem Spargel, dazu Rosmarin-
  Kartoffelstampf und Orangen-Kardamom-Sauce   202
Gebratene Merguez mit Estragon-Hummus
  auf Wildkräutersalat und Röstkartoffeln   219

Honig-Senf-Hähnchen mit Cheddar-Kartoffelstampf
  und grünem Bohnensalat   187

Kichererbsen
Marokkanisches Gemüsecurry mit Kichererbsen,
  Paprika und Orangen-Couscous   107
Orientalische Tomaten-Kichererbsen-Suppe mit
  Joghurt und Oregano   41

Kimchi
Koreanische Tacos mit Kimchi, Erdnüssen und
  Chili-Koriander-Tofu   126

Knoblauch
Caesar Salad mit Bacon, dazu Knoblauch-Croûtons
  und Sumach-Sauerrahm   10

Kokos(milch)
Jamaikanisches Jerk-Chicken mit karibischem
  Kokosreis und Mango-Koriander-Salsa   194
Kokos-Tofu, knuspriger, mit Gemüsecurry und
  thailändischem Duftreis   87
Mango-Passionsfrucht-Trifle mit Kokos und
  Limettenquark   232
Massaman-Glasnudel-Suppe mit Kokosmilch,
  Brokkoli und Babymais   69
Sobanudeln in Erdnusscurry mit Kokosmilch
  und Zuckerschoten   160
Sri-Lanka-Lammcurry in Kokosmilch, dazu
  knusprige Papadam-Chips   222
Tom kha gung Thai-Kokos-Suppe mit Garnelen,
  Limette und Koriander   56

Kräuterseitlinge
Knuspriger Flammkuchen mit Kräuterseitlingen
  und Cocktailtomaten   22

Kürbis
Würzig gebackener Butternusskürbis auf Baby-Kale
  mit Orangendressing und Mandeln   99

Lamm
Lammcurry, Sri-Lanka-, in Kokosmilch, dazu
  knusprige Papadam-Chips   222
Lamm-Korma, indisches, mit Chili-Cashews
  und Basmatireis   226

Lasagne
Blitz-Lasagne mit getrockneten Tomaten, Ricotta
  und Babyspinat   148

Limette
Frische Sommerrollen mit Erdbeeren, Glasnudeln
  und Soja-Limetten-Dip   18
Limetten-Stir-Fry mit Chili-Nudeln und
  Wasserkastanien   145
Mango-Linsen-Suppe mit Limetten-Joghurt und
  knusprigen Papadam-Chips   44
Mango-Passionsfrucht-Trifle mit Kokos und
  Limettenquark   232
Tom kha gung Thai-Kokos-Suppe mit Garnelen,
  Limette und Koriander   56

Linsen
Granatapfel-Linsen-Salat mit Curry-Blumenkohl
  und Dattel-Mandel-Crunch   90
Linsencurry, rotes, mit Babyspinat und Aprikosen-
  Ingwer-Chutney   82
Mango-Linsen-Suppe mit Limetten-Joghurt und
  knusprigen Papadam-Chips   44

238 REGISTER

Mandeln
Granatapfel-Linsen-Salat mit Curry-Blumenkohl
und Dattel-Mandel-Crunch ... 90
Würzig gebackener Butternusskürbis auf Baby-Kale
mit Orangendressing und Mandeln ... 99

Mango
Jamaikanisches Jerk-Chicken mit karibischem
Kokosreis und Mango-Koriander-Salsa ... 194
Mango-Linsen-Suppe mit Limetten-Joghurt
und knusprigen Papadam-Chips ... 44
Mango-Passionsfrucht-Trifle mit Kokos und
Limettenquark ... 232

Möhren
Detox-Suppe mit Roter Bete, Chia-Samen und Möhren 65

Mozzarella
Mozzarella-Spinat-Salat mit Rosmarin-Croûtons und
Passionsfrucht-Vinaigrette ... 30

Orange
Entenbrust mit weißem Spargel, dazu Rosmarin-
Kartoffelstampf und Orangen-Kardamom-Sauce ... 202
Gebratene Gnocchi in Orangensud mit Baby-
mangold und Avocado ... 168
Marokkanisches Gemüsecurry mit Kichererbsen,
Paprika und Orangen-Couscous ... 107
Würzig gebackener Butternusskürbis auf Baby-Kale
mit Orangendressing und Mandeln ... 99

Papadam-Chips
Mango-Linsen-Suppe mit Limetten-Joghurt und
knusprigen Papadam-Chips ... 44
Sri-Lanka-Lammcurry in Kokosmilch, dazu
knusprige Papadam-Chips ... 222

Paprika
Marokkanisches Gemüsecurry mit Kichererbsen,
Paprika und Orangen-Couscous ... 107

Parmesan
Spaghetti al Limone mit Parmesan und Petersilie ... 165

Passionsfrucht
Mango-Passionsfrucht-Trifle mit Kokos
und Limettenquark 232
Mozzarella-Spinat-Salat mit Rosmarin-Croûtons
und Passionsfrucht-Vinaigrette ... 30
Tomaten-Passionsfrucht-Gazpacho mit
knusprigen Basilikum-Croûtons ... 77

Pecorino
Pappardelle all'arrabiata mit Pecorino-Salsiccia-
Bällchen ... 177
Tagliolini rossi mit Chorizo, Pecorino und
gelben Tomaten ... 133

Pesto
Fiocchetti mit Rote-Bete-Minz-Pesto, dazu Walnüsse
und Ricotta stagionata ... 153

Pilze
Schweinemedaillons in Pfeffer-Pilz-Rahm mit
Süßkartoffelstampf und Röstzwiebeln ... 207

Pinienkerne
Gnocchi in Basilikumcreme mit Cocktailtomaten
und Pinienkernen ... 141

Pistou
Farfalle mit Basilikum-Cashew-Pistou und
gegrillter Aubergine ... 136

Portwein
Rinderhüftsteak mit Portwein-Zwiebeln, dazu
Thymianbutter-Crostini und Birnen-Feldsalat ... 214

Pute
Teriyaki-Putenbrust auf Glasnudelsalat mit Sesam ... 182

Quinoa
One-Pot-Qinoa mit Thai-Gemüse und
Erdnuss-Sauce ... 102

Reis
Grünes Thai-Curry mit Zuckerschoten, Shiitake
und Erdnuss-Reis ... 122
Indisches Lamm-Korma mit Chili-Cashews und
Basmatireis ... 226
Indisches Tikka Masala mit Zitronen-Hähnchen
und Basmatireis ... 191
Jamaikanisches Jerk-Chicken mit karibischem
Kokosreis und Mango-Koriander-Salsa ... 194
Knuspriger Kokos-Tofu mit Gemüsecurry und
thailändischem Duftreis ... 87

Reisbandnudeln
Krosse Entenbrust mit Reisbandnudeln und
Aprikosen-Erdnuss-Chutney ... 199
Vietnamesische Pho ga mit Hähnchenbrust,
Reisbandnudeln und Koriander ... 48

Ricotta
Blitz-Lasagne mit getrockneten Tomaten, Ricotta
und Babyspinat ... 148
Fiocchetti mit Rote-Bete-Minz-Pesto, dazu Walnüsse
und Ricotta stagionata ... 153

Rind
Chimichurri-Rinderhüftsteaks mit Zitronen-
Kartoffeln und zweifarbigem Tomatensalat ... 211
Rinderhüftsteak mit Portwein-Zwiebeln,
dazu Thymianbutter-Crostini und Birnen-
Feldsalat ... 214
Tagliatelle all'emiliana mit Rinderfiletspitzen
und Steinpilzen ... 173

Rote Bete
Detox-Suppe mit Roter Bete, Chia-Samen
und Möhren ... 65
Fiocchetti mit Rote-Bete-Minz-Pesto, dazu
Walnüsse und Ricotta stagionata ... 153
Rote-Bete-Minz-Pesto ... 153

Rotwein
Pastrami-Sandwich mit Rotwein-Zwiebeln, Gurken
und Cheddar ... 27

Salsiccia
Papardelle all'arrabiata mit Pecorino-Salsiccia-
Bällchen 177

Sandwich
Pastrami-Sandwich mit Rotwein-Zwiebeln, Gurken
und Cheddar ... 27
Vietnamesisches Bánh-Mì-Sandwich mit
Hähnchenbrust und Sriracha-Sauce ... 15

Schokolade
Chocolate-Chip-Cookie-Törtchen mit
Himbeermus-Kern 233

Schwein
Schweinemedaillons in Pfeffer-Pilz-Rahm mit
Süßkartoffelstampf und Röstzwiebeln ... 207

Senf
Honig-Senf-Hähnchen mit Cheddar-Kartoffelstampf und grünem Bohnensalat ... 187

Serranoschinken
Knuspriger Ziegenkäse-Flammkuchen mit Serranoschinken und karamellisierten Zwiebeln ... 34

Sesam
Pistazien-Falafel mit gegrilltem Gemüse und Sesam-Joghurt ... 119
Teriyaki-Putenbrust auf Glasnudelsalat mit Sesam ... 182

Shiitake
Grünes Thai-Curry mit Zuckerschoten, Shiitake und Erdnuss-Reis ... 122

Spaghetti
Spaghetti al Limone mit Parmesan und Petersilie ... 165

Spargel
Cremige Spargelsuppe mit Zitrone und Estragonöl ... 60
Entenbrust mit weißem Spargel, dazu Rosmarin-Kartoffelstampf und Orangen-Kardamom-Sauce ... 202
Knusprige Socca mit grünem und weißem Spargel, Dill und Feta ... 114
Spargelsuppe, cremige, mit Zitrone und Estragonöl ... 60

Spinat
Mozzarella-Spinat-Salat mit Rosmarin-Croûtons und Passionsfrucht-Vinaigrette ... 30

Sriracha-Sauce
Vietnamesisches Bánh-Mì-Sandwich mit Hähnchenbrust und Sriracha-Sauce ... 15

Steinpilze
Tagliatelle all'emiliana mit Rinderfiletspitzen und Steinpilzen ... 173

Sumach
Caesar Salad mit Bacon, dazu Knoblauch-Croûtons und Sumach-Sauerrahm ... 10

Süßkartoffeln
Schweinemedaillons in Pfeffer-Pilz-Rahm mit Süßkartoffelstampf und Röstzwiebeln ... 207
Süßkartoffelsuppe mit Ingwer und Koriander-Rahm ... 53

Tacos
Tacos, koreanische, mit Kimchi, Erdnüssen und Chili-Koriander-Tofu ... 126
Tacos, orientalische, mit gebratenem Halloumi und Jalapeño-Hummus ... 94

Tagliatelle
Tagliatelle all'emiliana mit Rinderfiletspitzen und Steinpilzen ... 173

Tagliolini
Tagliolini rossi mit Chorizo, Pecorino und gelben Tomaten ... 133

Thymian
Rinderhüftsteak mit Portwein-Zwiebeln, dazu Thymianbutter-Crostini und Birnen-Feldsalat ... 214

Tofu
Knuspriger Kokos-Tofu mit Gemüsecurry und thailändischem Duftreis ... 87
Koreanische Tacos mit Kimchi, Erdnüssen und Chili-Koriander-Tofu ... 126

Tomate
Blitz-Lasagne mit getrockneten Tomaten, Ricotta und Babyspinat ... 148
Chimichurri-Rinderhüftsteaks mit Zitronen-Kartoffeln und zweifarbigem Tomatensalat ... 211
Gebratene Gnocchi mit zweierlei Tomaten, dazu Walnüsse und Salbei-Butter ... 156
Orientalische Tomaten-Kichererbsen-Suppe mit Joghurt und Oregano ... 41
Tagliolini rossi mit Chorizo, Pecorino und gelben Tomaten ... 133
Tomaten-Kichererbsen-Suppe, orientalische, mit Joghurt und Oregano ... 41
Tomaten-Passionsfrucht-Gazpacho mit knusprigen Basilikum-Croûtons ... 77

Walnüsse
Fiocchetti mit Rote-Bete-Minz-Pesto, dazu Walnüsse und Ricotta stagionata ... 153
Gebratene Gnocchi mit zweierlei Tomaten, dazu Walnüsse und Salbei-Butter ... 156

Wasserkastanien
Limetten-Stir-Fry mit Chili-Nudeln und Wasserkastanien ... 145

Ziegenkäse
Knuspriger Ziegenkäse-Flammkuchen mit Serranoschinken und karamellisierten Zwiebeln ... 34

Zitrone
Chimichurri-Rinderhüftsteaks mit Zitronen-Kartoffeln und zweifarbigem Tomatensalat ... 211
Cremige Spargelsuppe mit Zitrone und Estragonöl ... 60
Indisches Tikka Masala mit Zitronen-Hähnchen und Basmatireis ... 191
Sommerliches Zitronentiramisu mit weißer Schokolade ... 230
Spaghetti al Limone mit Parmesan und Petersilie ... 165

Zucchini
Grüne Zucchinisuppe mit Minzpesto und Sauerrahm ... 72

Zuckerschoten
Grünes Thai-Curry mit Zuckerschoten, Shiitake und Erdnuss-Reis ... 122
Sobanudeln in Erdnusscurry mit Kokosmilch und Zuckerschoten ... 160

Zwiebeln
Knuspriger Ziegenkäse-Flammkuchen mit Serranoschinken und karamellisierten Zwiebeln ... 34
Pastrami-Sandwich mit Rotwein-Zwiebeln, Gurken und Cheddar ... 27
Rinderhüftsteak mit Portwein-Zwiebeln, dazu Thymianbutter-Crostini und Birnen-Feldsalat ... 214
Schweinemedaillons in Pfeffer-Pilz-Rahm mit Süßkartoffelstampf und Röstzwiebeln ... 207

© Dorling Kindersley Verlag GmbH,
München, 2017
Ein Unternehmen der
Penguin Random House Group
Alle Rechte vorbehalten

3. Auflage 2019

Jegliche – auch auszugsweise – Verwertung, Wiedergabe, Vervielfältigung oder Speicherung, ob elektronisch, mechanisch, durch Fotokopie oder Aufzeichnung, bedarf der vorherigen schriftlichen Genehmigung durch den Verlag.

Für das Kochhaus:
Rezepte und Fotografie Kochhaus
Projektbetreuung Martina Lutz
Foodstyling und Grafik Ana Aguilera

Für den DK Verlag:
Programmleitung Monika Schlitzer
Redaktionsleitung Caren Hummel
Projektbetreuung Sarah Fischer
Herstellungsleitung Dorothee Whittaker
Herstellungskoordination Katharina Schäfer
Herstellung Christine Rühmer

ISBN 978-3-8310-3358-4

Repro Farbsatz, Neuried/München
Druck und Bindung Firmengruppe Appl, aprinta Druck GmbH, Wemding

www.dorlingkindersley.de

Hinweis
Die Informationen und Ratschläge in diesem Buch sind von den Autoren und vom Verlag sorgfältig erwogen und geprüft, dennoch kann eine Garantie nicht übernommen werden. Eine Haftung der Autoren bzw. des Verlags und seiner Beauftragten für Personen-, Sach- und Vermögensschäden ist ausgeschlossen.

Weitere Kochhaus-Kochbücher:

Einfach kochen für Gäste
24,95 €　　　ISBN: 978-3-8310-2734-7

Lust auf Kochen
24,95 €　　　ISBN: 978-3-8310-3124-5

Unsere kleinen Bücher:

Vegetarisch – Unsere besten Rezepte
12,95 €　　　ISBN: 978-3-8310-3004-0

Pasta – Unsere besten Rezepte
12,95 €　　　ISBN: 978-3-8310-3003-3

Fleisch – Unsere besten Rezepte
12,95 €　　　ISBN: 978-3-8310-3002-6